ヤクザに学ぶクレーム処理術

山平重樹

祥伝社黄金文庫

はじめに

「これじゃあ困るんだよ、いったいどうしてくれるんだ！」

さぞや今日もどこかでクレーム――その実《じつ》、言いがかり、いちゃもん、因縁《いんねん》、難クセとしか言いようのない類《たぐい》の理不尽な代物《しろもの》がまかり通っていることだろう。とんだモンスター・クレーマーたちだ。

そうしたクレームでとことん参っている大勢を横目にして、彼らは舌を出して笑っているというのが現状であろう。私は、かねてそうした事態を周囲で見聞きした組関係者たちから、

「あーあ、対応を間違えたな」

「そのひとことが命取りになったのに気づかないのか」

「交渉しだいでは安くできたなあ」

「後手後手に回ったがゆえに最悪の結果を招いたな」

などという声を耳にすることが少なくなかった。長年、取材を続けてきたヤクザ社会では、クレームやトラブルはケースごとに体系化され、システマティックですらあった。そ

のテクニックやノウハウはカタギ社会できっと役立つはずだ、泣き寝入りすることも減るだろう。

五章で触れているが、現代ヤクザは拳銃を撃ち、日本刀を振りかざすという抗争から、「掛《か》けあい」と呼ばれる交渉が、より重要性を占めるようになっている。言うなれば弾丸《タマ》の飛ばない戦争である。情報を入手し、知恵を絞り、口上を考え、ネゴシエーションする。間《あいだ》に人を立てたり、仲介を頼んだり、上司（組長）への根回しも行なう。

それはビジネス現場とまったく変わらない。交渉上手で知られた伝説のヤクザどうしの闘い（九章）はどんなドンパチよりもドラマチックで、絵になる。

安心安全と言われた日本社会が大きく揺らいでいる。マンション殺人や隣人とのトラブル、子どもの学校でのモンスター・ペアレントとのつきあい、振込詐欺などの犯罪、主婦ですらかつてない厳しい環境にある。また外国人が急速に増えるなか、彼らに日本人どうしの〝まあまあ、なあなあ〟、以心伝心などは通用しない。海外赴任などなおさらだ。

こんな時代に活きてくるのが、厳しいヤクザ社会で育《はぐく》まれ蓄積されてきたテクニック、ノウハウであろう。最強のクレーマーこそ最強のクレーム・シューターであるというのは紛《まぎ》れもない真理である。彼らが体をはって会得した14のテクニックは一億総クレーマー社会のいま、ビジネス現場や近所づきあいで活用できるはずだ。

それともうひとつ、一億総クレーマーと言われるいまの時代、至極《しごく》もっともな正当なクレームであっても、とかく言いがかりやいちゃもんと見られて、なかなか正しさが通りにくい世の中になった。

では、そこをクリアして真っ当なクレームとして認めさせるにはどうしたらよいか。まして ヤクザとなれば、非は明らかに相手側にある場合でも、クレームがたちまち脅《おど》しや恐喝にされてしまうというハンディがある。彼らはそれをいかに乗りきって正当なクレームを正当なものとして認めさせたのか。

本書には、そうした実例もしっかり盛り込まれている。これはビジネスマンにもヒントになること請けあいである。

二〇一〇年三月

山平重樹《やまだいらしげき》

目次

一 ヤクザの「掛《か》けあい」こそ、クレーム処理の神髄

ヤクザの「掛けあい」

男と女の世の中、どんな時代になろうと浜の真砂《まさご》と男女間のトラブルは絶えようはずもなく、どの世界であれ、その種のクレームもけっして尽きることはないだろう。

企業のお偉いさんのなかには、いきなり会ったこともないような男に会社に乗り込まれて、

「オレの女に手を出しやがって、許せねえ！　この始末、どうつけてくれるんだ？」

などと凄《すご》まれた経験のある人もいるかもしれない。それがまるで身に覚えのないことなら何ら恐れるに足りなかろうが、そうでないとなると、話は少々やっかいだ。

当然ながら、この手の話は、ヤクザ社会でもよくあること。

昔、博奕《ばくち》が現行犯しか逮捕されず、各地で日常的に賭博が開帳されていたころ、Aという博徒の親分は、女のことで三人のテキヤたちから賭場へ乗り込まれたことがあった。

Aにすれば、三人とも顔は見知っており、いずれも威勢のいい売り出し中の面々であった。

賭場は通称〝シキ〟、〝容《い》れもの〟とも言い、渡世上、大切な舞台となった。賭場《シキ》を確保することも稼業のうちで、シキに関わる女たちには小遣《こづか》いを惜しまず、ときには肉体《からだ》を抱

いて手なずけるのも渡世のうちであった。

A親分、都内の某割烹料理店をシキに使ううち、女中頭の美代《みよ》という女とデキてしまったのだ。三人のテキヤがAを訪ねてきたのも、常盆のシキとして使っているその割烹料理店であった。

「話がある」

と言う三人の顔を見ると、けっして穏やかなものではなく、

〈ハハーン、こいつは何かいちゃもんをつけに来たな〉

と、Aはすぐにピンときた。が、彼らにヘタを打った覚えもなく、別段思いあたるフシはなかった。

「何だ、掛《か》けあいか。まあ、あがれよ」

三人を空いている部屋に通すと、はたして一番利《き》かん気な顔をしたBという男が、

「ここの美代は、もともとここにいるCの女だ。それをおまえさんは盗《と》った。オレたちの稼業じゃ、バシタとるな、という掟《おきて》があって、こいつを破れば重罪なんだ。それはおまえさんたち稼業違いも同じだろう。この落とし前はどうつけてくれるんだ」

と単刀直入に切り出してきた。

確かにテキヤ社会には「バヒハルナ」「タレコムナ」「バシタトルナ」という三つの掟があった。

「バヒハルナ」のバヒは、商売《バイ》と金銭《ヒン》の頭文字をとったテキヤの隠語で、売上金のこと。ハルナは「手を出すな」の意で、つまり売上金をごまかすな――という意味である。

「タレコムナ」というのは、文字通り、組や一家の内々のことを警察に喋《しゃべ》るな、ということ。

バシタとはシタバの逆語で、「場下」と書き、稼業仲間の妻や愛人のことを指す。「バシタトルナ」とは、他人の妻や愛人を寝盗《ねと》るな――というわけである。

美代がCというテキヤの愛人であったとは、Aにも初めて聞く話だった。

〈ハハーン、なるほど、そう来たか。結局、カネにしたいんだろうな。売り出し中だなんていったって、こいつらもシケてやがるんだな〉

とは、Aにも容易にわかる理屈であった。

が、相手の言いなりになって金を出したのでは、安目《やすめ》を売ることになり、Aもヤクザとして生きていけなくなる。

そこでAは負けずに切り返した。

「テキヤの世界じゃ、そういうフシがあるかもしれねえが、オレたち博徒は棄《す》てた女を拾ってもらえば礼を言うことになっている。こちらとすれば、まずもってその誠意を見せてもらいたい。落とし前をどうつけてくれるんだというのは、まさにこっちの台詞《せりふ》じゃないか。さあ、どうなんだ」

Ａの思いもよらない切り返しに、三人は目を丸くした。

「はあ？　礼を言えだと？　落とし前だって？」

「そうだ。そちらさんの古い女の後始末をつけてやったんだから、その落とし前をきっちりつけてもらわなきゃ、オレも納得できない」

「……」

三人は呆《あき》れはてたという顔で、Ａを見遣《や》ったままだった。因縁《いんねん》をつけにきたのが逆につけられているのだから、世話はなかった。

すると、一歩も譲らないという表情で対峙していたＡの口から突如、

「フッフッフッ」

と笑《え》みがこぼれたかと思うと、Ａは、

「まあ、ヤボな話はなかったことにして、友だちが困ったときは相身《あいみ》たがい、オレんとこ

がいくらかできてるから、ひと盆《ぼん》取り持つよ。今度の役日《やくび》に誰か連れてくればいい」

と打って変わったくだけた口調で提案してきた。

「ひと盆取り持つ」というのは、〝助かり博奕〟とも言い、一晩だけ博奕のテラを取らせてやるということだった。今度の賭博開帳日をその〝助かり〟に当ててやるから、客を連れてくればいい——とも言っているのだった。

Aの妥協案に、最初はポカンとしていた三人も、最後は願ってもないことと納得し、喜んで帰っていったのだから、終始Aのペースで事《こと》は運んだわけである。

「確かに人の女と知ったうえで寝盗ったのなら、渡世人にあるまじき行為だが、そうじゃなくて、棄てたのか振られたのか知らないけど、もうとっくにCの女ではなくなっているのだから、そんなもん、いちゃもん以外の何ものでもない。こっちも安目を売るわけにはいかないが、切り返して突っぱねるだけだったら、ヤツらの面子《メンツ》もなくなって喧嘩《けんか》にしかならない。そこで双方の顔が立つ落としどころというものが必要になってくるわけだ。それが〝助かり〟だったわけだな」

とはAの弁だった。

大物親分の女に手を出して……

〝新宿の帝王〟として有名な愚連隊の加納貢《かのうみつぐ》の処《しょ》しかたも、見事なものとして伝わっている。

あるとき、舎弟の一人が、地方の大物親分の女に手を出したというので、そこの一家の連中からねじこまれたことがあった。

そのとき加納、少しも動じず、当の舎弟に対しては、

「おまえ、それはよくない了見だねえ。昔なら、不義密通《ふぎみっつう》は女もろとも重ねて四つ、と言ってな、刃《やいば》で一閃《いっせん》、手打ちにされても文句言えなかったんだぞ」

と言ったものだから、舎弟は蒼い顔になって、

「そんな兄貴……自分はあの親分の女だなんて露《つゆ》知らずに……」

意気投合して一夜のアバンチュールを楽しんだだけですよ――という言葉を呑《の》みこんで、震《ふる》えあがった。

が、加納、返す刀で相手の連中に対して、

「ところで、おまえさんがた。その女にはおまえさんたちの親分の所有物ですよという、名札か何か付けてあったのかい？」

と真顔で訊《たず》ねたものだ。

むろんそんなものを付けてあるわけがないので、相手は、「いえ」とかぶりを振った。

それを聞いた加納のセリフ――。

「何だ、何の目印も付けてないのか。それじゃ、誰の女房《バシタ》だか、情婦《オンナ》だかわからないじゃねえか。まして女がそれを名乗らないとなりゃ、わかる術《すべ》がねえだろ。そりゃ、おまえんとこの田舎じゃわかるかもしれねえが、なんてったってここは東京だ。どこの誰とも知らねえ男と女がうじゃうじゃいる街だ。そんなに大事な女なら、しっかり鍵かけて家の中に閉じ込めておかなきゃな。一人で放《ほ》っぽっておくほうが悪いにきまってるだろ」

あっさり言ってのける加納の人を食ったセリフに、相手の連中はグーの音《ね》も出なかったという。

「さあ、東京は広い。おまえらも道に迷わねえうちに早く帰ったほうがいいぞ」

これでおしまいである。もっとも、これは加納にしか通用しない話には違いない。

相手のレベルに合わせたら負け

ある日、都内で渡世を張る四〇代のX組長のもとに、Yという同じ広域組織に所属する組長から電話が入った。

Yは X より先輩で、やや高目《たかめ》（格が高いこと）の組長であった。が、いまや X は売り出し中の身とあって、Yとは明らかに勢いが違っていた。

Yとすれば、かねがねそんな X を苦々しく思っていた。

「おい、X。おまえ近ごろ、銀座の『ボードレール』によく通ってるそうだな」

『ボードレール』というのは銀座の高級クラブのことだったが、Yの声のトーンからも、けっして楽しい用件でないことは、X にもすぐに察《さつ》しがついた。

「へえ、Y組長、あいかわらず情報通ですね。〝よく〟というほどじゃないですが、たまに行ってますよ」

「おまえ、そこの花子《はなこ》というホステスのことを追っかけ回してるそうじゃないか。いい根性してるな。あの花子はオレの女なんだよ」

要するにYの電話は、

「オレの女に何をやってるんだ」

とのクレームであった。X はレベルの低い話に内心で舌打ちしながらも、

「えっ、あの花子ちゃん、Y組長の女だったんですか。ちっとも知らなかった。でも、さ

すがですねえ。あんないい女、私はいまだかつて見たことがないですよ」

と見えすいた世辞まで使って精一杯、持ち上げた。

言われたほうのYも、悪い気はしないから、

「うん、まあな、それほどでもないけどよ。だからな、そういうわけでおまえもいいかげんにしとけよ」

と少々トーンダウンした。

Xもレベルの低い話につきあってもしかたないので、

「わかりました」

と相手にしないことにした。それでもYはなおも、

「それにしたって、おまえ、本当にオレの女と知らなかったのか。知っててやってるんじゃないかというヤツもいるんだがな。店に行きゃ必ず指名するし、同伴したり、食事したり、だいぶご執心《しゅうしん》だって聞いたもんでな」

嫌味《いやみ》たっぷりにねちねちと攻めてくるので、Xもさすがにカチンと来て、

「Y組長、花子という彼女がいったいどこで働いていると思ってるんですか」

「……」

「銀座のクラブですよ。そこで働く女の子が、客に対していちいち、私は誰それの女です——なんて公言するはずないでしょ。聞かれても誰もいないって言うにきまってますよ。それとも彼女は、私に伝えたとでも言ってるんですか」

「そりゃ言ってないがな。けどそんなもん、あの女は誰それの女だなんてのは、自然に耳に入ってくるもんだろ」

「残念ながら私は知りませんでした。店へ来る客だって、そんなことを知ってる人間は誰もいないと思いますよ。それともうひとつ、銀座のクラブなんかに行くヤツのおおかたは、酒を飲みたくて行くというより、女の子を口説《くど》きたい、話をしたいというのが目的じゃないんですか。まして花子ちゃんなんて、あれだけの女だ。毎晩、どれだけの客に口説かれてることか」

「そりゃそうだが、けど、誰の女か知ってて口説くとなると、話はまた別だぞ」

「だから、さっきから知らなかったって言ってるでしょ。何ですか、Y組長、どうにも私にアヤをつけたいようですな」

「いいヤクザ者が同じ身内の先輩の女を、追っかけ回してるというのも、あまり見られたもんじゃねえからな。世間体もよくねえと思うがな」

ここにいたって、Xはとうとうキレた。

「このヤロー、先輩だと思っておとなしくしてりゃ、調子に乗りやがって！　オレに喧嘩売ってるんだな。そんなに大事な女なら、『私はYの女です』と書いたワッペンを胸に貼らせるか、プラカードを持たせとけ。それより外へ一歩も出さずに、鍵をかけて閉じ込めておけばいいじゃねえか。それを銀座に出すなんて、てめえに甲斐性がないっていうだけの話じゃないか」

「な、何を、このヤロー……」

「寝てもいねえのにグチャグチャ、イチャモンつけやがって、上等じゃねえか。そんなに喧嘩したいならいつでも買ってやるから、来やがれ！」

Xはガチャンと電話を切った。

——とまあ、こんなふうにキレたのでは、X組長の負けである。かねがねレベルの低い人物として反面教師にしているY組長のレベルに、自分も落ちてしまっただけにすぎなかった。

だいたいこの手のクレームに対して、

『私は誰それの女です』と書いたワッペンを胸に貼らせるか、プラカードでも持たせとけ」

などというお定《さだ》まりのセリフで切り返すというのは、X組長のもっとも嫌う低次元のレベルの話と、以前から公言していたことでもあった。まさか自らそんなセリフを吐《は》くことになろうとは思ってもみなかった。

X組長は恥ずかしくてならず、自己嫌悪に陥った。

〈しまったなあ。バカなヤツにレベルを合わせてしまったなあ。オレもまだまだその程度の人間ってことだ。修業が足らんなあ〉

とあとで反省しきりであった。だが、開き直って、

「上等だ！」

と言ってしまった以上、もはやしかたない、喧嘩も辞さないつもりで相手の出方を待っていたのだが、その後、何の反応もなかった。

そこでX組長、初めて胸をなでおろして、

〈ああ、よかった。こんなことで喧嘩したら世間の笑いもんになるとこだった。まあ、いくらY組長《あいつ》がバカだっていっても、そこまでバカじゃなかったってことだが、くれぐれも相手のレベルに合わしちゃいけないってことだな。今後は、ゆめゆめ気をつけなきゃな

……と再び己を戒《いまし》めたのだった。

二

肚《はら》を括《くく》り、筋を通せば自《おの》ずと道は開く

どんなことにでもクレームはつけられる

少年院の隠語で、「ひっつく」という言葉がある。少年院の先輩や古株《ふるかぶ》連中が、新入りなどにヤキを入れるために因縁をつける意で、この種の語は、いちゃもんをつける、難クセをつける、言いがかりをつける、文句をつける——というふうに、すべて「つける」となっていることから語源も来ているのだろう。ちなみに「クレームをつける」というのも、つけるである。

昔から、トリモチと理屈は何にでもくっつくとの言葉もあるように、因縁をつける側からすれば、どんなことにでも理屈をつけ因縁をつけることができるというのは、古来よりの真理であろうか。

たとえば昨今、社会問題化している小中学生を子に持つ親の学校側へのクレーム、

「義務教育なのに、何で給食費を払わなきゃならないんだ!?」

「入学式の写真でうちの子が真ん中に写ってないのは、どうしてなんだ?」

といった類《たぐい》など、その典型だろう。

さて、不良少年の〝ひっつき〟というのは、

「このヤロー、何を眼《ガン》つけてるんだ!?」

といった類のものだが、同じ因縁、いちゃもんでも昔の不良、ヤクザには、その啖呵《たんか》にも格段に味があったという。

同じ「何を眼つけてるんだ!」というセリフにしても、

「おい、兄さん、さっきからオレの顔をジロジロ見てるけど、何かい、オレの顔に汽車ポッポでも走ってるっていうのかい?」

という具合に粋《いき》なものになるのだ。

これに対して、ひっつかれたほうも、

「あんさんの顔には線路が敷かれてないから、汽車ポッポは走れないわなあ」

と切り返したというから、これまた当意即妙《とういそくみょう》、なかなかのものである。

そのうえで、逆にこうひっつくのだ。

「確かにおたくの顔に汽車ポッポは走ってないけど、さっきから飛行機が飛び降りしててね、目が回りそうなんだよ」

「ほう、そりゃまた、なぜだい?」

「線路のかわりに、滑走路が敷かれてあるじゃないか」

顔の疵《きず》のことを指しているわけである。

どっちにしろ、喧嘩になるのは避けられないわけだが、昔の不良少年は喧嘩ひとつとっても、味があってカッコよかった。

カネになる格好のネタ

さて、ここに、そうした時代に生きた二人の元硬派少年AとBがいて、いまや二人とも六〇代。Aのほうはそのままヤクザの道に進んでいまやC市という地方都市で押しも押されもせぬ実力親分となっており、Bのほうは上京して物書き、それも実話誌に執筆するヤクザ記事専門のライターとなっていた。

Aはヤクザ、Bはヤクザ・ライターに道が分かれたわけである。ヤクザ・ライターといっても、ヤクザ兼ライターということでも、ヤクザなライターというわけでもなく、ヤクザ社会を題材にして執筆しているライターということである。

その二人が四〇代の時分、いまから二〇年ほど前になるが、こんなことがあった——。

Bが某誌に書いた記事に関連して、広域系二次団体X組のZという幹部からクレームが入り、Bは単身で、東京からC市に赴《おもむ》かざるを得なくなった。

そのクレームというのは、都内に事務所を置くJ組のJ組長を取材して書いた記事のな

かで、

「C市のX組組長は古くからの私の兄弟分」

とJ組長から聞いたことをそのまま記事にしたところ、X組のZ幹部から、

「こらあ、うちの親父とJ組長が兄弟分だと⁉　何を根拠にそんなでたらめを書くんだ⁉　そんな話がどこにあるんだ。ウソばっかり書きやがって、絶対承知しないからな！」

とすごい見幕の抗議電話が雑誌編集部に入ったのだ。

そのクレーム処理のためBがさっそく出向くことになり、Zが指定したC市の某シティホテルのロビー喫茶室へと赴いた。

そこでBを待っていたのは、Zともう一人、Pという元X組幹部で、いまはZの相談役のような立場にあるという男だった。

Bがまず平身低頭《へいしんていとう》して謝ったところ、Zはそれを一蹴《いっしゅう》し、

「これは詫《わ》びて済むような話じゃない。うちの親父――X組長とJ組長とが兄弟分だなどという事実無根の話が世間にまかり通ったら、うちの親父の名誉にも関わることだし、X組の面子も丸潰れや。うちの親父とJ組長とは明らかに格《かく》が違う。それは世間の誰もが認めてることだし、業界の常識だ。それを格下の者と兄弟分扱いされたんじゃ、うちの親父

も顔を潰されたも同然で立つ瀬《せ》がない。同じ間違いにしても、こればかりは許されるような間違いじゃない。この始末、どうしてくれるんだ」

と迫ってきた。

「誠に申しわけありません。すべては取材不足のこちらの手落ちです……」

Bはともかくひたすら詫びるしかない。

「いや、そんなことより、今度の一件、いったい誰が、うちの親父とJ組長とが兄弟分だなどという情報をおたくに教えたんだい？　それをはっきりしてもらわないことには、ワシらとしては一歩も引けんな」

「……」

「この記事を読む限り、直接J組長に取材して書いたものであるのははっきりしているが、となると、その情報もJ組長の口から出たと考えていいわけだな」

それはまったくその通りで、BもJ組長から聞いたからこそ書けたことだった。

Bにとって、J組長とは古いつきあいで、たがいに気脈も通じていたし、懐《なつ》かしみの感じられるような信頼の置ける親分であった。まして、どんな親分であれ、兄弟分云々《うんぬん》というのは本人が一番知っていることで、事実と違うことを述べるとは考えられなかった。

だからこそ、自信を持って書いた記事だった。もとより、J組長にしてもでたらめでも何でもなく、正真正銘《しょうしんしょうめい》の事実を述《の》べたにすぎなかった。

ただし、兄弟分といってもまだ、たがいに世に出る前の三下《さんした》同然の若い時分のことで、正式に盃《さかずき》を交《か》わしたわけではなく、たがいに意気投合して、

「兄弟分になろうじゃないか」

と約束をし、会えば「兄弟」と呼びあう仲になったのだった。

ただ、それから歳月を経て、X組長のほうがグンと伸びたのに対し、J組長がしばらくくすぶっていた時期もあって少しばかり差が開き、「兄弟」と呼びあうにはやや釣りあいがとれなくなっていたのも確かであった。

だが、J組長のほうはX組長に対し、「兄弟」との変わらぬ思いをずっと持ち続けているのは紛《まぎ》れもない事実だった。

J組長がBの取材に応じ、答えたことはすべからく本当の話であったのだ。そしてそれはJ組長とX組長との間でもけっして間違いではなかったはずなのだが、業界的には少し微妙な話になった。

「若いころ、二人の間でそういう話があったのかもしれないが、盃交わしたわけでもな

く、口約束なんだろ。J組長が変わらぬ兄弟分と思っていたとしても、じゃあX組長のほうはどう考えてるんだ」

ということになるかもしれない。

ここでひとつ種明かしをすれば、Bの書いた記事が出たとき、X組の元幹部でいまはカタギを自称する半端《ハンパ》ヤクザのPが、「シメた!」と小躍《こおど》りし、まっさきにX組幹部のZにこう入れ知恵したのだ。

「こいつは格好のネタだ。ええシノギ(稼《かせ》ぎ)になるかもしれんぞ」

そのころZが博奕《ばくち》で大負けして、ヒーヒー言っているのを知っていたからだった。

「どれどれ……」

Pに言われて、Zもその記事を読んだ。

「何々、うちの親父とJ組長が兄弟分だってか。ふーむ、昔はそうだったかもしれんが、いまはちょっと格が違うだろ」

「そうだろ。だから、こいつはカネになるって言ってるんだよ」

「この雑誌から、ぶんどろうってわけだな。けど、うちの親父が、そうだよJ組長とは兄弟分だよ、って言ったらどうするんだ?」

「いや、もうこれはX組長を離れた問題だ。オレが絵を描くから、抜かりないよ」

と胸を叩いたのは、Pだった。

Pはカタギに対してはコワモテのヤクザの顔で通し、ヤクザに対してはカタギになるという狡《ずる》い小悪党だった。ワルさばかり企《たくら》んでいる半端者として知られた男だった。

というわけで、何のことはない、Bの記事は小悪党たちの格好の餌食《えじき》となったのである。記事に対するクレームを装ったいちゃもんをつけ、カネにしようとしている輩《やから》がPとZであった。Pが絵を描き、Zがそれに乗せられた——という図だった。

情報元《ネタ》を守り、ホテルに軟禁される

だが、PとZの誤算は、Bがただのそんじょそこらのありふれた物書きではなかったということだ。

Zが B に凄んだ。

「どうなんだい、J組長から聞いたんだろ？　それを言ってくれさえすれば、別にワシらはあんたにどうこうという話じゃないんだ。何だったら、次号で訂正文を載《の》せろなんてケチなことも言わないよ。あんたにはこのまま帰ってもらってもいいんだ。あとはワシらの問題だからな」

ふつうのライターなら、ここで、

「ええ、そうです。J組長から聞きました」

と言ってしまうところだろう。

何しろ顔面凶器といったふうの恐ろしい人相のヤクザ者にさんざん脅され、追及されているのだから、生きた心地さえしないほど怖いのは、カタギなら誰もが同じだ。それに雑誌の記事を読めば、J組長に直接取材して書いたのは明らかで、すべてJ組長から出た情報であるのは一目瞭然《いちもくりょうぜん》だ。

そう答えたところで、情報源秘匿《ひとく》というジャーナリストの原則に反するなどという固い話にはならないだろう。

「どうなんだ、J組長から聞いたんだな?」

Z本人は穏やかに話しているつもりでも、迫力は充分だ。

「いえ、違います。J組長からではありません」

Bの答えに、ZとPが啞然《あぜん》としている。

「何だと⁉ じゃあ、誰から聞いたっていうんだ⁉」

Zが目を剝《む》いた。

「ですから、私の勘違い、思い違いで、こんな記事になってしまいました。すべてこちらの取材不足、私の不手際《ふてぎわ》です」

「ほう、おまえさんの勘違い、思い違いと言うんだな？　誰から聞いたわけでもないということだな？」

「はい、そうです」

Bは、情報源のJ組長に迷惑をかけるわけにはいかないので、とっさにそう答えるよりなかった。PとZの奸計《かんけい》を知らないBとすれば、

「J組長に聞きました」

と答えたのでは、X組とJ組との間にとんだトラブルを巻き起こしてしまうと判断したからだった。

「それじゃ、この始末、おたくはどうつけてくれるっていうんだい。ええ、どう責任を取るんだ！」

再びZがいきりたつと、絵図描きのPが、

「まあ、まあ、兄弟。この人だって、わざわざこうやって遠くまで足を運んで詫びに来て

くれたんだから……」

と典型的な、なだめ役を演じるのだ。

「そう言うけどな、兄弟、ワシはこればかりは大目に見るわけにはいかんぜ。このままじゃ、うちが安く見られる。世間の笑い者になる。きっちりけじめをつけてもらわんことには、ワシは納得しないよ。絶対に許さんからな！」

Zはあくまでも脅し役を忠実に演じることになる。

「わかったよ、兄弟、この人に聞いてみようじゃないか。Bさんといったな。ミスを認めるんだったら、どういうふうに今度の責任を取るつもりなのか、それを言ってみてくれないか」

Pに訊《き》かれ、Bが、

「はあ、次の号で訂正文というものを出させてもらおうかと考えております」

と答えると、

「訂正文だと⁉ そんなんで済む話じゃないぞ」

Zがまた凄む。実際のところ、訂正文など出されたのでは、困るのはZとPのほうだった。

「それでは、いったいどのようにすれば納得してもらえるのでしょうか」とB。

「そんなことはそっちで考えんかい！」

例によってZが口調を荒《あら》らげるのに対し、Pはやんわりと、

「あんたがたもミスを認め悪いと思うのなら、それなりの誠意というものを見せてくれなきゃ、話が前に進まないんじゃないのかな」

要するにカネを出せと言っているのだ。

Bも察しはつくが、端《はな》から金銭で解決しようという気はないから、

「誠意ですか？　自分たちとすれば、誠心誠意お詫びしたいと考えてますが……」

と、とぼけた。こんな芸当ができるライターはBしかいなかった。

「まあ、どうやらラチがあかないようだ。このままあんたを東京に帰すわけにはいかんな。明日、また、この場で会おうか。今日はこのホテルに泊まってもらうよ。ワシらが納得するような誠意いうもんを見せてもらわんことにはあんたをずっと帰せんし、上の責任者に来てもらうことにもなるだろう――ってことを、あんたの東京の会社の人に連絡してくれりゃいい」

ヤクザが感心したカタギの性根《しょうね》

かくてBは、そのホテルに軟禁状態に置かれることになったのだった。

〈さあて、どうしたものかな。こいつは困ったことになったな〉

と思いながら、Bはホテルに部屋を取り、その夜、雑誌社へと連絡を入れた。部屋の電話を使って、編集長にその旨《むね》を報告すると、

「誠意というのはおカネのことですか？」

「まあ、そういうことでしょうな」

「いくらぐらい要求してるんですか？」

「もちろんそれを言えば恐喝になると彼らもわかってますから、おカネのことはひとことも言ってませんけどね」

「ふーむ、それはやっかいですね。やはり、私もそっちへ行かなければならないということになるんでしょうか？」

言いながら、編集長は声が震えていた。端から及び腰である。

「まあ、明日、もう一度彼らと会いますから」

Bは電話を切った。受話器を置いた途端、呼び出し音が鳴った。

Bが電話をとると、はたして相手は昔の不良少年時代の仲間のAだった。いまは、C市で渡世を張るれっきとしたヤクザの組長である。

「何だ、B。C市《こっち》に来てるんだったら、何でオレのところに顔を出さないんだ？」

Bは驚いて、

「A先輩、私がこっちに来てるって、何で知ってるんですか」

と訊ねた。

「そこはCホテルだろ。じつはさっきな、あんたがロビーの喫茶店にいるのを見かけたんだ」

「ホントですか」

「明日、会おうじゃないか」

「いや、先輩、明日のことは約束できないんですが……」

「ふむ、さっき一緒にいたのは、X組のZと、元幹部のPだったな。あれらがどんな用事であんたと会ってるのか、だいたい察しがつくぜ。まあ、ともかく明日会おう」

「先輩、だから、それはちょっと難しいかと……」

「いや、大丈夫だ」

Aが自信たっぷりに言って電話を切るので、Bは首を傾《かし》げた。

翌日、同じホテルのロビー喫茶室で、Bは再びPとZに会った。が、明らかに前日とは二人の様子が違っていた。

Zが愛想《あいそ》笑いを浮かべながら、口を開いた。

「何だ、Bさん、あんたも人が悪いなあ」

「は?」

「あんた、A組のA組長とは昔から昵懇《じっこん》の仲だそうじゃないの。何でそれを早く言ってくれなかったんだい」

「はあ?」

どうやらAがZとPに連絡を取ったらしいということはわかったが、それでもBには何のことだかわからない。

「まあ、ともかく昨日の話は何もなかったことにしてくれないか。気ィ悪くしないでくれ」

「はあ? 記事の訂正文とか……昨日は、何かこちらの誠意というものを見せろ、というお話でしたが……」

「いやいや、もうそんなものは何もいらん。訂正もお詫び文も出さなくてええ」

「本当によろしいんですか」

Bは狐《きつね》につままれたような心地だった。

「ああ、いいよ。あんたには悪いことをしたな。それにしても、あんたも強情な人だなあ。J組長に聞いたってひとこと言えば済むものを、何で最後までそんなにツッパるんだい？」

Zの問いに、Bは少し考えたあとで、

「……やっぱり自分らの世界にも、最低限、通さなきゃならない仁義や筋というものがあると思うんですよ」

との答えを呑みこんで、

「さあ、自分でもわかりません」

とかぶりを振ったものだった。

さすがにその時点になると、Bも、

〈そうか、すべてAさんが話をつけてくれたんだな〉

とは理解できたが、改めてA組長の実力ぶりを思い知らされた気がした。

その日Aに会うと、Aは少年時代の後輩であるBに、

「あのPというのがワルいんだよ。ヤツが企んだことだ。Zというのは本来、気のいいヤツなんだが、ついPに乗せられたんだな。Zが感心してたよ。物書きにも半端《ハンパ》じゃない性根《しょうね》の男もいるもんですね——ってな」

と会心の笑みを漏《も》らしたのだった。

㊂ 不利な状況を一変させる交渉術

一歩も引かない気迫

関東の名門・松葉《まつば》会の恒久指針である『不退』は、初代藤田卯一郎《ふじたういちろう》会長の座右の銘《めい》から取ったものという。その意は、

《正しきを以《もっ》て退《しりぞ》かず。己に正義あらば、信念を曲げるべからず。退くことなく、一貫して筋の通る戦いをせよ。それが不退の真意なり》

というもので、実際、『不退』は藤田卯一郎の生涯を貫いた侠道《きょうどう》姿勢であったようだ。

藤田が三〇代の時分、こんなこともあったという――。

藤田の所属していた関根《せきね》組の地元・向島《むこうじま》の料亭で、テキヤの大きな会合があって、某親睦会の会長をつとめる神農《しんのう》界の大親分をはじめ、錚々《そうそう》たる親分衆が集まっていた。

藤田がその会長のもとへ、挨拶《あいさつ》かたがた掛けあいに出向いたのは、藤田の稼業違いの舎弟であるKという男を、その親睦会の「理事」の端《はし》くれに加えてもらえまいか――と頼み込むためだった。不遇をかこっているかわいい舎弟を、何とか男にしてやりたかったのだ。

藤田はきわめて辞《じ》を低くして、その旨を大親分に頼んだ。ところが、藤田を前にして、その大親分の態度が悪かった。横柄《おうへい》にも、

「K？　そんなヤツはオレは知らねえな。名前も聞いたことがない」

と言ってしまったものだから、藤田の怒りは爆発する。たちまち、関根組の一番槍〝軍治《ぐんじ》〟の顔も顕《あら》わに、

「何をこのヤロー！　おい、いま何て言いやがった⁉　ずいぶん舐《な》めた口をきくじゃねえか。よし、わかった。そっちがその気なら、この向島から帰さねえぞ！」

と正座を胡座《あぐら》に崩して、ここぞとばかりに吼《ほ》えた。

これにはさすがの大親分も、礼儀正しかった青年の豹変ぶりに、目を剝いて驚いた。

「この関根の軍治がな、向島から一歩も出さねえって、言ってるのよ！」

藤田はなおも火のような啖呵《たんか》を吐き、大親分を睨《にら》みつけた。

結局、この事件は大事にいたらずに収まりがついたのだが、錚々たる親分衆をはじめ、居並ぶ百人もの人数を目の前にして一歩も引かずに獅子吼《ししく》する藤田の気迫に皆が呑まれ、圧倒されてしまったという。

「さすが〝関根の軍治〟よ」と、この一件は評判になり、藤田卯一郎の声望を高《たか》からしめたのである。

トップ自《みずか》ら、礼を尽くして頭を下げる

もとより、こうした藤田卯一郎流の不退の性根を受け継ぐ親分は、現代ヤクザにも存在する。J会長もそんな一人で、若いときから幾度となく修羅場を潜《くぐ》り、また掛けあいの見事さで男を売ってきた親分でもある。

若い時分、他組織との間で若い衆どうしの喧嘩があり、相手方に二人の死者を出してしまったことがあった。J会長はすぐさまたった一人で相手方の本部事務所へ赴いた。

相手方はトップをはじめ、執行部の面々が待っていたので、Jはまずきちんと頭を下げて詫びた。たとえ、どんな言い分があろうと、相手側に死者を出してしまった以上、それは当然の礼儀――とは、Jの考えだった。

「まあ、総長、頭を上げてください。話を聞いてみると、うちのほうも、ずいぶん出来の悪いヤローで、そちらさんの縄張り内で勝手なことをしたそうですな」

相手のトップもさすがに話のわかる、聞く耳を持った人物であった。

若い者どうしの喧嘩に、わざわざトップが一人で出向いてきて、「申しわけない」と頭を下げているのに、

「このヤロー、うちの若い者を仏《ホトケ》にしやがって！　話など何もない。この落とし前をど

うつけてくれるんだ⁉」

と頭ごなしにやるような親分では高《たか》が知れていた。それでは話にも何もならなかったし、詫びに来たほうも、

「上等じゃねえか！」

と開き直って、喧嘩仕度《じたく》に取りかかるのは必至だった。

Jとて、相手の対応しだいでは、

「ほう、そうですかい。ヤクザの喧嘩、殺されたほうにだけ道理があるというのはおかしいんじゃないですか。殺したのは確かに悪い。が、必ず理由というものがあるはずです。少なくともうちには、何の理由もなく、ただ闇雲《やみくも》に人様を殺《あや》めてしまうような狂犬ヤローは一人もおりませんよ」

と言うべきことは言うつもりで肚《はら》を括《くく》ってきたのは、言うまでもなかった。仮にその場で命を失うようなことになったとしても、それこそはヤクザ渡世というもので、覚悟はとうにできていた。

仮に立場が逆であったとしても、同じことだった。どんな事情であれ、喧嘩になってこっちに死人が出た場合でも、相手の親分が礼を尽くして頭を下げてくれれば、Jとて、その

誠意に対して話をしようという気になるだろう。報復と息巻く若い衆たちを抑えて、

「親分がこうして詫びに来なすってるんだ。勘弁してやろうじゃないか」

ということにもなろうというものだ。それが礼も何も尽くさず、いきなり、

「詫び料として香典一〇〇〇万円出しますから、これで何とか終わりにしてもらえませんか」

などと言ってこようものなら、

「ふざけるな！　うちの大事な若い衆の命、カネで済む話と思ってるのか。銭なんざなんぼ積んでも承知しねえ。必ず仇《かたき》はとるから、首を洗って待っとけよ！」

という話になるのは、当然だった。

ところが、この一件、そうはならずにまもなく話がついたのは、Jがまっさきに相手方に足を運んで謝罪し礼を尽くしたこと、それに応えた相手トップの度量の大きさ、器量のなせる業《わざ》と言ってよかった。

Jは最後に相手トップと、

「葬儀のときにはお線香をあげに行かせてもらいます」

「ああ、どうぞ、どうぞ。お待ちしてますよ」

ときれいに手を握りあって別れたのだった。が、これに対して、Jの所属する会上層部からは、

「そんな、よりによって今度の間違いの相手の弔《とむら》いの場へ行くなんて、敵の真《ま》っ只中《ただなか》へ飛び込んでいくようなもんじゃないか。まだ、いきりたってる者も大勢いるだろ。火に油を注ぐようなことにもなりかねない。何があるかわからないから止《や》めたほうがいい」

と反対の声があがった。それをJは一笑に付《ふ》した。

「オレが弔いに行くことで、今度の喧嘩《マチガイ》、実質の手仕舞《てじま》いということになるんじゃないか。弔いに行かなきゃ終わらないんだ。そこでオレに手を出してくるようなヤツもいないだろうし、挑発してくる者もいるわけないよ。もし、そんなことになりゃ、受けて立つしかないだろ」

一貫して変わらぬ信念であった。

それにしても、やはり当日の葬儀場の雰囲気は、お伴《とも》の若い衆を一人だけ連れて出席したJにとって、けっしてすべて友好的なものではなかった。迎える側のなかには、Jたちに対して、敵意に満ちた視線を送ってくる者があるのも無理からぬところだった。

お伴の若い衆にしても、いつにも増して緊張は隠せず、針の筵《むしろ》にすわらされている思

いがした。

だが、Jはと見ると、常に変わらぬ堂々とした所作で、それは見事なものだった。何ら気負うことなく、心より哀悼の意をこめて仏に線香を手向け、静かに手を合わせているのだ。

その所作を目《ま》のあたりにして、お伴の若い衆はJ会長を親分として持てたことを、改めて誇りに思えてきて、

〈親父さん、すごいよ。この雰囲気のなかで、この所作！ この貫禄！ ああオレも早く親分のような男になりたいものだ！〉

と胸の内で唸《うな》っていたという。

分《ぶ》の悪い話をつけに単身乗り込むは、男の花道

「そりゃね、男の花道というもんなんですよ」

と語ってくれたのは、都内で渡世を張る広域系二次団体M組のA若頭。

M組は武闘派として有名だが、その戦闘指揮官たるA若頭は、長い間、M組長の片腕として外交面も一手に担ってきた。

「そうしたJ会長のケースもそうだけど、トラブルが起きて、こっちに一分《ぶ》の理もないような交渉の場へ一人で赴くというのは、これは男の花道なんです。何しろ、相手は大挙して手ぐすね引いて待ち構えてる。大勢で並んで殺気だってこっちを迎えてくれるんだから、まさに男の花道――私はそういうふうに考えることにしてます」

ふつうなら生きた心地がしない場面であるが、あえてそれを「男の花道」とし、男の性根の見せどころと考えるところに、A若頭の真骨頂があるのだろう。

実際、A若頭は過去に幾度となくそうした分の悪い掛けあいの場へ一人で乗り込んでは、きれいに話をつけ、問題をクリアしてきたという。

数年前にはこんなこともあった――。

D組という組織によってM組長の実子《じつし》が軟禁され、D組から、

「実子を預かっているから、話をしにうちの事務所まで来い」

との連絡があった。聞いてみると、実子がD組に何かヘタを打って詫びに来たのだが、それをそのまま帰さずにいるのだという。

組長《オヤジ》の実子の問題とあれば、ここはオレが行くよりないな、と判断したA若頭、

「よし、わかった。若頭のオレが行くから」

先方に伝え、単身、話しあいに出向くことにした。

D組事務所に着くと、四〇人も五〇人ものD組組員がズラッと表に並んで、A若頭を待ち構えていた。端から威圧して相手にプレッシャーをかけようという狙いであるのは、はっきりしていたが、それがA若頭には逆効果であるとは、まさか彼らには知るよしもなかった。

「おお、いる、いる。ずいぶん並んでるなあ。オレのために花道をつくってくれてるなあ」

と逆に闘志に火がつき、性根がすわるタイプがA若頭であった。

そんな歓迎されざるムードのなか、事務所に入ったA若頭、実子の無事な姿を確認すると、相手のD組長と話しあいを持った。A若頭は、

「いい悪いは別として、オレが責任を持つから、実子は帰してくれないか」

と切りだした。頭を下げるつもりは毛頭《もうとう》なかった。

それに対して、D組長の答えは、

「いや、おたくの話は信用できない」

というものだった。長い渡世歴のあるA若頭に対し、D組長はまだ三〇代の若さであ

る。

「え？　信用できないとはどういうことだい？　オレが責任を持つと言ってることに対してかい？」

「そうだ」

A若頭は呆れ返った。

〈ダメだ、こりゃ。こいつはまだヤクザの掛けあいの何たるかもわかってねえじゃないか。こんなヤツと話したってしょうがねえ。掛けあい云々という以前の問題だな。こいつは、たぶん、オレがここにこうして一人で来たってことの意味さえわかってないんじゃねえか〉

A若頭はパッと席を立つと、

「オレがこうやって話してるのに、信用できないというんじゃしょうがないな。もうこれ以上話すこともないだろ」

と言い放ち、そのうえで隣りの部屋にいる実子に向かって、

「そんなわけで、おまえを連れて帰ることはできないが、骨は拾ってやるから心配するな」

と言い残して、D組事務所を引きあげた。

このA若頭の取った行動に、むしろ困ったのはD組であった。A若頭が二階のD組事務所を降りて、近くに駐《と》めてあった自分の車に乗り込んだところへ、

「Aさん、Aさん」

と追いかけてきた者があった。D組の相談役をつとめているという年配の幹部だった。

「このまま帰られちゃ困ります。お茶でも飲んでいきませんか」

と相談役が言うのに、A若頭は、

「オレは一回席を蹴《け》ったんだ。もう戻ることはしないよ」

と突っぱねたが、

「けど、途中でお茶を飲んでいくかもしれないよ」

とも付け加え、暗に近くの喫茶店にいることを伝えた。

その言葉通り、D組事務所からもっとも近い喫茶店で、A若頭が珈琲を飲んでいると、まもなくしてそのD組相談役がやってきた。

「Aさん、もう一回、話をしていってくれませんか。今日が無理なら、明日、お待ちしてますから」

相談役が低姿勢で頼んでくる。D組にすれば、てっきり頭を下げに来たものとばかり思い込んでいたA若頭の強硬な姿勢が予想外であったのだろう。最前とは態度が打って変わっている。

それに対し、A若頭は、

「わかった。じゃあ、その前に、実子を帰してくれないか。そしたら、オレも明日行くから」

毅然《きぜん》として言ってのけた。

「――わかりました。うちの組長を説得してきます。ここで待っていてもらえますか」

と、相談役。A若頭がこう追撃する。

「だいたいオレに言わせれば、一人で詫びに来た人間を生け捕《いど》りにするということじたいおかしいし、こうして交渉に来た者に対し、『信じられない』というのは、喧嘩売ってるのと同じ。もはや話しあいの余地もないということですよ」

「ようくわかっております」

さすがに渡世キャリアの古い相談役には、若いD組長の不用意な発言で、形勢が逆転したことを、誰よりも理解できているようだった。その間違った発言に対するけじめとして、即座に実子を帰さなければならない――ということも。

相談役が喫茶店を出ていき、A若頭がしばらく待っていると、二本目の煙草を喫《す》い終わったところで、店の扉が開いた。相談役が戻ってきて、そのうしろにはきまり悪そうにしている実子の顔があった。

勝負あり――といったところであろうか。

四 誠意は見せかたしだいで、良くも悪くもなる

ヤクザ社会で急増中、カネのトラブル

ヤクザ社会でも、他組織から持ち込まれるクレームで昨今とくに多くなったのは、金銭トラブルである。

「おたくの若い衆さんにカネを貸したんだけど、返済の期日が来ても返してくれない。ばかりか、連絡も取れなくなった。これはおたくの組員の問題であるから、その責任を取ってもらいたい」

といったふうに、若い衆が借りた何百万、何千万円の借金の責任《ケツ》を持ち込まれるというようなケースだ。こうしたクレームに対するおおかたの反応は、

「冗談じゃない。近ごろはうちの組に寄りつきもしないヤローで、そいつがおたくのところにそんな迷惑をかけてるとは露知らなかった。即《そく》破門とする所存なので、うちとはいっさい関係ありませんから。そちらで煮るなり焼くなり好きなようにしてください」

と言い逃れ、ただちにその者の破門状なり絶縁状を全国の関係筋に送付するというパターンである。〝追い込み〟に対して、難を逃れるにはこれしかないというやりかたで、近年のヤクザ界の定番となっている。びっくりするような大物幹部の破門や絶縁の裏には、えてしてこんな事情が隠されていたりするものだ。

だが、ヤクザ組織にとって、追い込みというクレームに対する対応として、はたしてこれが最良と言えるのだろうか。

「いや、私は感心しませんね。若い衆がよそに借金をこしらえて追い込みをかけられたからといって、はい、そいつは破門です、うちとは関係ありません、という難の逃れかたは自ら弱い組織であることを認めてるようなもので、ヤクザとしては安目を売ってるのと同じことだと思いますけどね」

と言うのは、都内で渡世を張る四〇代のA組長。A組長も、かつてBという若い衆のことで同じような経験をしているのだが、そのときどう対処したかといえば——。

追い込みをかける

A組長にBのことで追い込みをかけてきたのは、C組という全国にその名を轟《とどろ》かせている武闘派組織であった。

A組長はC組の幹部であるDと、都内のホテルで顔を合わせた。A組長は、D幹部の話を全部聞き終えたところで、

「——ということは、要するに早い話が、うちのBがおたくからこしらえた三〇〇万円の

借金、うちの組でケツを拭《ふ》けということですかな」

と、おもむろに確認を取った。

「そうですよ」とD。

「ほう、なぜだろう?」

「それはBさんがおたくの組員、A組組員だからですよ。組員の不始末、組でけじめをつけるのはあたりまえのことだと思いますが」

「ほう、そうですか。けど、それはBとそちらとが個々でやったことでしょ。その借金、うちの組が保証したわけじゃない。Bがうちの組のハンコで借りたとでもいうんですか」

「じゃあ、Bさんの件はおたくの組とはいっさい関係ない、と? Bさんを破門にでもするというんですかな」

「いや、うちは破門にはしないよ」

A組長の反応に、びっくりしたのはDである。こういうケースでは、いままでならどの組も、C組の名を恐れて金を肩代わりするか、あるいは計ったように、当の若い衆の「破門」ということで落ち着くのが常だったからだ。

Dが黙っていると、A組長、

「Bのヤツはおたくの言う通り、カネにだらしのないことをして、おたくだけじゃなくていろんなところから借金してるようなんですよ。で、同じように『カネ貸してるから責任《ケツ》持て』という話がいくつか来てますよ。ただ、こうして実際に会ったのはおたくだけですがね」

と言うので、

「ほう、それはなぜですかな」

とDがつい興味を持って訊ねた。

「おたくに勘違いしないでもらいたかったからなんだ。天下のC組と言えば、こういうとき、いまはどの組も会うでしょ。こういうふうに迫られて、会わないというとこはまずいないと思う。ところが、うちはそうじゃない。C組だから会ったんじゃない。そのことを言いたくてこうして会いに来たんですよ」

A組長のあまりに人を食った言いかたに、

「ハア？」

Dは思いっきり狐につままれたような顔になった。

〈何なんだ、この男は？……〉

こんな男と会うのは、Dにも初めてのことだった。

「で、会ったところで、せいぜい破門にしたからうちとは関係ない——っていうレベルの話ばっかりでしょ」

「ええ、そうですよ」

何だか毒気を抜かれてしまったような感じだった。Dにすれば、追い込みに来ているはずなのに、A組長のペースで話が進んでいるような気がしてならなかった。

「うちは破門にはしません」

「じゃあ、それはどういうことになるんですかな。Bさんを破門にもしなければ、組として責任も持たないというのは。うちに喧嘩を売っていると受けとめていいですかな」

「ちょっとその前に、こっちも言わしてもらう。うちのBの借金のことで、そのケツをうちに持ってくるというのはどういうことかな？　これは完全にうちを舐めてるだろ。こんな屈辱的な話があるか。何で若い衆に貸したカネ、取れないからって、組で払えって話になるんだ？　どうしてそんな発想になるんだ？　うちに喧嘩を売ってるのと同じことじゃないか」

A組長の言い分に、

「はあ？」

これまた怒るより何より、Dは面食《めんく》らってしまった。いったいどうすれば、そんな理屈になるのか、わけがわからなかった。

「うちはきわめて筋の通った話をして、道理に適《かな》ったことを言ってるつもりだがね。そっちがそんなに開き直るなら、わかった。誰が考えたって、悪いのはそっちのBだ。それならBをこっちで好きにさせてもらう」

「Bはうちの若い衆だ。そんなこと許すわけないじゃないか。だいたいおたくらは、二言目には生かすの殺すのって言うけど、たった二〇〇万や三〇〇万円のカネでどうしてそんな話になるんだ？　本当に殺《や》るの？」

「ああ、殺るときは殺るよ」

「ああ、そう。だが、いまも言ったように、こっちとしても、好きにどうぞとは言わないよ。いくら出来が悪くても若い衆に変わりはない。ただ、現状で、うちでもBのヤツと連絡取れないのは事実だ。オレもヤツを破門にはしない。だから、おたくもあくまで本人を探して本人と話してくれないか」

金額の問題じゃない、面子《メンツ》の問題だ

結局、A組長はC組の追い込みに対して、最後まで突っ張る形になった。

「……」

Dは A組長の話を聞き終えたあと、しばらく黙っていたが、やがて口を開いた。

「いや、A組長、よくわかりました。さすがですな。確かに二、三〇〇万円の借金とはいえ、これは金額の問題じゃない。ヤクザとしての面子《メンツ》の問題だ。たとえ一円の金額でも追い込みをかけなきゃならないときもあるし、一億円でも放《ほ》っておいて構わないときだってあるんです。

ところが、昨今のヤクザ者ときたら、面子も誇りも意地もない。こういうケースじゃ、金額が一〇〇〇万円を超えりゃ、たいがいの親分は判で押したように、『ヤツは破門にしましたから、うちとはいっさい関係ない』と言うものだ。平気で若い衆を切って捨てる。たぶん、借金返さないからこっちでその者を始末しましたって話を持っていっても、『ああ、ちょうどよかった。破門しようと思ってたところですよ』という話になるんじゃないですか。で、そうじゃないところは、まあ、金額がそれこそ二、三〇〇万円程度のときは、簡単にカネを出して話を終わらせようとする。そんな輩ばかりですよ」

Dの話に、Ａ組長が、

「そりゃ、天下のＣ組相手じゃ、どこも喧嘩にならんからでしょうな。そうやって難を逃れるのが精一杯なんでしょう」

と応《こた》えると、

「ところが、あんたは違った。若い衆の二、三〇〇万円の借金だからって簡単にカネを出して解決しようともしなければ、その者を破門にするとも言わない。あまつさえ、Ｃ組だから会うわけではないと伝えるためにテーブルに着いたんだ、と何やらわからないことを言って突っ張り、煙《けむ》に巻く。いやあ、久しぶりに筋金入りのヤクザに会ったような気がしますわ」

Ｄは感心したように言うのだった。

「……」

「お話はよくわかりました。今日のところは引きあげます。おっしゃるように、もう少しこっちでＢさんを探したうえで、本人と話をするようにしますわ」

追い込みをかけるほうもかけるほう、それを切り返すほうも切り返すほうで、男は男を知ると言ったらいいのか、なかなかに味のある掛けあいと言わねばなるまい。

誠意とけじめ

もうひとつ、同じような事例を——。

あるとき、都内で渡世を張るE組長のもとに一本の電話が入った。I組からのもので、

「おたくの若い衆のFを預かっている」

という話で、FもやはりI組に対する借金の不始末から身柄を攫《さら》われたものらしかった。

「わかった。すぐ行く」

E組長は答え、ただちに東京から新幹線で二時間かかる都市を拠点とするI組事務所へと向かった。が、直前に、幹部たちとの間で一悶着《もんちゃく》があり、必死にE組長を止めたのが、E組側近のメンバーだった。

まずE組若頭のHが、

「親父さん、そんなもん放っておけばいいですよ。Fのことじゃないですか。あいつは、ここんとこ事務所にも寄りつかないし、行状の悪さは自分らにも聞こえてきてますよ。あっちこっちに不始末してるようなんです。この際、破門にしましょ。そんな者が攫われたからって、何で親父さんがわざわざ足を運ばなければならないんですか。やめてくださ

い。ヤツは切りましょ」

とE組長を止め、G若頭補佐も、

「若頭《かしら》の言う通りですよ。親父さん、何もFのために行くことないですよ。ヤツは破門にしてください。そうしないことには組のためにも示しがつきません。何であんなFのことで親父さんがわざわざ行かなきゃならないんですか。親父さんが行くというなら、自分が行きますよ」

とE組長を行かせまいとして食いさがった。これに対してEは、

「わかった、わかった。おまえらの言うことはもっともだ。だがな、いくら何でもここでFを見捨てたんじゃ、あまりに寂しすぎるだろ。オレにはそんなことはできねえよ。いくら行状が悪いといったって、仮にもオレと親子の盃を交わした男じゃねえか。ここで破門だって切って捨てたんじゃ、オレが世間の笑い者になる。ここで親であるオレが守ってやらなきゃ、誰がヤツを助けられるんだ」

と二人を説き伏せた。

「――親父さん……」

「じゃあ、せめて自分らを連れてってくださいよ」

二人がしがみつくように言うのを、Eは、

「いや、ここはオレが一人で行ったほうがいい。そのほうが話がしやすいし、むこうもわかってくれるだろ」

と決然と二人を制し、肚を括って単身で新幹線に飛び乗ったのだった。

E組長自らの登場に、I組も少し驚いたようだったが、J若頭が応対し、

「おたくの若い衆さん、うちから多額の借金をしときながら、誠意のかけらも見せてくれまへんのや。筋をはずしとるのも、ちょいとばっかし度が過ぎてますんで、こうして身柄を預からせてもらいました。悪く思わんといてください」

との説明に、E組長もこう答えた。

「わかりました。お恥ずかしい話ですが、おおよその察しはつきますわ。見たところ、うちの若い者に対して、手もあげず、傷ひとつつけないで電話してくださったようで、そのご配慮に感謝しますわ」

「いえいえ」

「ともかく今日のところは、何も言わずこいつを連れて帰らせてもらいますわ」

「わかりました。自分らとしても、E組長がわざわざ出向いてきてくれたということで、

その誠意に対して諒《りょう》とします。どうぞ、連れて帰ってください」

J若頭が言うと、傍《かたわ》らのK若頭補佐が血相を変えて、

「若頭、ちょっと待ってくださいよ。このFをこのまま帰すんでっか。この男に貸したカネ、まだけじめはついてまへんで……」

と突っかかった。それに対してE組長、

「まあ、Kさんと言いましたな。私も曲《ま》がりなりにも組長張ってる男ですよ。その組長が、若い衆を攫われたうえに引き取りに行き、その借金までも立て替えて払ったなんてことになったら、もう私はヤクザやっていけません。そこまで安目売ったら世間のいい笑い者ですよ。このFの借金は一銭も払うつもりはありません」

と毅然と答えた。

「な、何だと⁉」

とK若頭補佐。

「Jさん、このけじめは後日つけさせてもらう。それでよろしいかな」

「けっこうですよ。どうぞ」

E組長はFを連れて東京へと無事に引きあげた。

後日、この一件で、E組長がつけたけじめというのは、Fを破門とし、I組に対しては電話代の名目で二〇〇万円を包んだことだった。その口上は、

「不始末をしたうちの若い衆に対して、手をあげないで連絡くれたことに深く感謝する。これはその電話代として私の気持ちです」

というものだった。それでもFの借金の三分の一程度の金額にすぎなかったが、I組からは何ら文句が出なかったのは当然であろう。何しろ、Fを破門処分にしているのだから、それ以上のけじめのつけかたはなかった。

そしてその〝破門〟が、他のこういうケースでのそれと違っていたのは、追い込みをかけられた末の保身のための〝逃げ〟ではなかったことだ。E組長が体を張ってその若い衆を助けたあとでのけじめであったから、

「さすがE組長」

と世間の評価も高かったわけである。

❺ 事実を把握し、裏づけを取れ

抗争せずに話しあいで片《カタ》をつける現代ヤクザ

ヤクザの抗争事件がめっきり少なくなった。何しろ、警察庁の統計によれば、平成十八年度の山口《やまぐち》組の抗争件数がゼロという、およそ考えられないような歴史的な快挙——大珍事が達成されたのだ。

全国のヤクザ総数の約半数を抱える山口組が関与する抗争事件が一件もないというのは、おそらく山口組の長い歴史においても初めてのことではあるまいか。

いわんや他組織においても抗争事件がグンと少なくなるのは当然といえば当然で、若手組員のこんな声も聞こえてくる。

「いや、もうホントに喧嘩はできなくなりましたね。それでもトラブルはしょっちゅうあるんだけど、昔ならすぐに殴りあいになってたような場面でも、いまは何でも話しあい。やれ使用者責任だ、とかなんとかで上のほうに迷惑かけてしまうので、喧嘩ができなくなったですね。すべて話しあいで片《カタ》をつけるというやりかたです」

そのぶん、話しあい、掛けあい——交渉というものの重要性が、以前とは比べものにならないくらい大きくなっているわけである。

少々分《ぶ》の悪い話でも、いかに自分たちに有利に話をつけられるか、安目を売らずに事を収められるか――ということに組織の命運がかかっていると言っても過言ではない。

ウラを取ることの重要性

「もういまや、交渉というものが抗争と同じ意味を持つものになっている。話しあい、掛けあいこそ、拳銃の弾丸《タマ》が飛ばない抗争なのだ――というふうに自分らは認識してますよ」

とは、血気盛んな三〇代の組幹部の弁だ。この組幹部の名を仮に大河内《おおこうち》としよう。

あるとき、この大河内のもとに面倒を見ている阪東《ばんどう》（仮名）というカタギの人間がやってきた。カタギとはいえ、違法スレスレの風俗店を経営している男だった（だからこそ、〝ケツ持ち〟と言われるヤクザ者の用心棒を必要としたわけだが）。

「大河内さん、すいません。また助けてください」

「おお、今度はどうしたんだ？」

話を聞いてみると、こういうことだった。

同業者のAという男と地元のネオン街を飲み歩いているうちに、仲のいいはずの二人が街中でとっくみあいの喧嘩となり、弾《はず》みでコンビニの窓ガラスを壊してしまったという。

たまたまそこへ止めに入った男がいて、これが偶然にもAの〝ケツ持ち〟である月形《つきがた》

（同じく仮名）というヤクザ者だった。

「何だ、Aじゃないか。どうしたんだ？」

「あっ、月形さん。ちょっとダチと揉《も》めまして……」

とか何とか話しているうちに、パトカーの音が聞こえ、それがしだいに大きくなってくる。そこで月形はカッコつけて、

「よし、おまえらはいいから逃げろ。ここはオレが何とかしてやるから」

と二人をその場から逃がしてくれたという。さすがはヤクザだ、義侠心に富んでいる――と、そんな甘い話ではないだろうと阪東も覚悟はしていたが、後日、案の定、月形はそのケツを阪東に持ち込んできたのだった。

その一件で、コンビニ店からは被害届が出され、月形の若い衆に対して逮捕状も出た。つまり、罪をかぶったというのだ。ついてはその弁護士料やら店の修理費、示談《じだん》金など、もろもろの費用を出せ――と言ってきているというものだった。

「ふーん、そういうことか。月形な……」

月形組組長を名乗る男は、大河内とは違う代紋《だいもん》（組織）に所属し、大河内より高目で、渡世のキャリアも歳も上だった。

「わかった。で、阪東さん、ケツ持ちのこっちの名前は先方に伝えてあるんだろ」

「はい」

「じゃあ、おっつけ、こっちにも来るだろ」

大河内の言う通り、まもなく月形から、「話をしたい」との連絡が入り、会う日時と場所が決まった。二日ほど時間があったので、大河内は、

「こいつはウラを取る必要があるな」

と徹底的にその一件を調べることにした。まず自ら当のコンビニ店へ足を運んで、責任者に会い、

「こちらで窓ガラスが壊される事件があったそうですね」

「ええ、ありました」

「じつは、私の知人もからんでいることなので お聞きするんですが、修理費はどれくらいかかったんですか？　それを払ってくれた人に返したいと思うんです」

店の責任者が金額を言ったので、さらに、

「それから、これはお願いなんですが、何とか被害届は取り下げてもらえませんでしょうか」

と頭を下げて頼み込むと、

「いえ、うちは被害届なんか出してませんよ」

との答えが返ってきたので、大河内は内心で驚き、

〈ヤロー！……だったら、逮捕状が出たというのはどういうことになるんだ？〉

と首を傾げた。そこで大河内は、最近逮捕状が出たという月形の若い衆についても調べた。すると、わかったのはそれが今回の事件によるもの——たとえば、器物破損罪とか公務執行妨害といった罪名とは関係ない、暴行や恐喝容疑というまったく別件だったことだ。

〈ヤロー、舐めやがって……〉

大河内は憤ったが、すぐにそれを引っ込め、

〈バカなヤツだ。自ら墓穴を掘ってやがる。ケツを取ってくださいと的《まと》から飛び込んできやがった〉

とニンマリした。

腰を低くして下手《したて》に出る

そんなことはおくびにも出さずに、当日、大河内が指定された場所へ赴くと、月形は意《い》

気揚々《きようよう》と現われた。たがいに名刺を交換して初対面の挨拶を交わしたうえで、大河内はできるだけ腰を低く、下手《したて》に出た。

「今日は、どういったお話で来られてるんでしょうか？」

「いや、じつはそちらが面倒を見ている阪東さんというかたがいますね？」

「はい、阪東はよく知っております」

「その阪東さんを先日、うちでお助けしたのはいいんですが、そのため、うちのほうに何かと不都合なことが生じてきましてね。それに対してのけじめをつけてもらいたいということで、今日はご足労《そくろう》願ったわけですよ」

「はあ、そうですか。要するに、うちにケツを取りにきたわけですか。そういうふうにとって構わないですね」

「うん、まあ、そういうことだな」

歳も若く、いかにも申しわけなさそうにしている大河内に対して、御《ぎょ》しやすい相手と見たのか、月形は何ら警戒感もなくペラペラ喋りだした。

「阪東という人は、まあ、だいぶ酒が入ってたのか、街中で喧嘩を始め、コンビニのガラスまで割ってしまってね。サツに捕まるところを、たまたま私が居あわせたことで助けてやれたんですよ。そのかわり、私の若い衆に逮捕状が出て、阪東さんの罪をかぶるハメになってね、おっつけ出頭させようと思ってます。さてそうなると、弁護士料もかかるし、カカアや子どものいる若い衆ですから、懲役に行って留守の間の生活費も面倒見なきゃならないし……」

月形は、大河内が引き出したいと思っていた言葉を、いとも無造作にかつ不用意に発してきた。大河内は〈シメた！〉という思いを抑えながら、

「ほう、逮捕状？　いったいそれは、どこの警察署から何の容疑で出てるんですか？」

と、とぼけて訊ねると、月形はシラけた顔になり、

「何の容疑って？　もちろんこの件にきまってるじゃないか！」

と居丈高《いたけだか》に言い放った。それでも大河内は澄《す》ました顔で、

「この件？　この件ていうのは、阪東がガラスを割った云々という一件ですね」

と、しつっこく確認を取っている。とうとう相手はキレたように、

「あたりまえだろ！」

と語気強く答えたものの、相手の落ち着き払った態度を見て、少々薄気味《うすきみ》悪くなり始めていたのも確かだった。大河内は相手の目をジッと見据えたうえで、

「あたりまえと言いましたか。西のほうじゃ、極道は吐いたツバは呑まんという言葉があるそうですが、私らもたがいに組の名刺を出して看板を名乗って、ヤクザとわかったうえでここで話をしてるんでしたよね」

としだいに余裕綽々《しゃくしゃく》の態度に変わっていく。

月形のほうが逆にイライラしてきた。

「言うまでもないことだ」

「そうですか。じゃあ、ヤクザだったら、吐いたツバは呑めん——武士に二言はないとも言います。本当にそれでいいんですね。今度の一件で阪東の罪をかぶって逮捕状が出た、と。私は西のほうと違っていたって寛容ですから、いったん吐いたツバを呑んでもらってもけっこうなんですよ。さあ、どうなんですか」

攻める立場にあるはずの月形が、逆に攻められているような心持ちになって、

「あんた、さっきからいったい何を言いたいんだ？　ケツを取りにきてるのはこっちなんだ。どうしてくれるんだというのは、こっちのセリフじゃないか」

と癇癪《かんしゃく》を起こした。

〝借り〟が〝貸し〟に変わった大逆転

「じゃあ、言わせてもらいますよ」

ひと呼吸置いて、大河内がここぞとばかりに反撃を開始した。

「おたくの若い衆さんに対して逮捕状が出てるというのは、今度の件とは関係ない暴行や恐喝容疑で、まったくの別件じゃないか。ウラは取ってあるんだ。被害届なんか出てないのもオレが直《じか》に確認取ってる。それを示談金だの、弁護士料だのって、まるっきりウソの話で、オレたちから落とし前を取ろうとしてる。いったいどういう了見なんだ⁉ そんなありもしない話を持ち出してくるというのは、明らかにうちを舐めてる。うちの代紋をバカにし、うちの親分をバカにしてるのも一緒じゃないかという話になりますよ。しかも白々《しらじら》しいウソをつきながら、ウソはついてないと言う。これはどういうことですか?」

大河内の逆襲に、月形はタジタジになった。その通りであったから、何も言い返せなかった。まさか相手がしっかりウラを取ってくるとは考えてもいなかったのだ。大河内の言うように、それだけ相手を端から舐めきり、見くびっていた結果だった。

大河内は黙って相手の返答を待っている。が、黙ったままなので、

「どうなんです⁉」

「……」

「答えられないということですね」

「――いや、ちょっと待ってくれ、大河内さん。確かに今度の件で逮捕状が出たということを、うちの若い者から聞いたのだ」

「じゃあ、その若い者を連れてきてください」

「い、いや、それは……」

「あんた、そんなあやふやな話でうちにケツを取りに来てるのか！　喧嘩を売ろうっていうんだな」

「まあ、待ってくれ、大河内さん。何もそんなことは言ってないじゃないか」

「じゃあ、この責任《ケツ》はどう取ってくれるんだ⁉」

「申しわけない。それは重々お詫びする」

にわかに形勢は大逆転である。で、この結末はどうなったかといえば――。

「月形さん、まあ、頭を上げてください。もうけっこうですよ。このケツは何もいらないですわ。私のほうも阪東を助けてもらったことだし、今後ともいいつきあいをしていきましょうや」

大河内の寛大な言葉に驚いたのは、月形である。

「えっ、じゃあ、何もなかったことにしてくれるんで……」

「ええ、今度は私のほうでこの貸しを返してもらうこともあるでしょうから……」

しっかり〝貸し〟ということを相手に認識させているわけである。

この月形、よけいなことさえしなければ、大河内がかねて面倒を見ている阪東というカタギの男の窮地を救い、破損したコンビニ店の窓ガラス代まで弁償しているのだ。本当なら月形のほうが大河内に対して〝貸し〟を作ったのは明白なのに、セコい欲をかいたばっかりに、反対に〝借り〟を負ってしまったわけである。

それ以来、両者の力関係や立場はすっかり逆転し、所属する代紋も違うのに、まるで傍《はた》目《め》には月形組が大河内組の傘下組織であるかの錯覚に陥らせるような雰囲気に変わってしまったという。ヤクザはいったん安目を売ったらおしまいとは、こういうことを指すわけである。

持ち込まれたクレームに対して、まずその事実関係の裏づけを取ることが肝要というのは、基本中の基本であろう。

六 驕《おご》るなかれ、弱い相手と見くびれば命取り

クレームをひっくり返す材料

関東の広域系博徒組織の三次団体S組に所属する矢向竜《やこうりゅう》（仮名）は、三五歳というバリバリの売り出し中の若手だった。風貌も見るからにコワモテで、ヤクザ丸出しといったスタイルを通し、名うての武闘派として知られていた。

だが、それ以上に、肚のすわった掛けあいとその巧《たく》みさにも定評があり、いまだかつて交渉ごとで相手に安目を売ったことがなかった。

どんなにきついクレームであってもモノともせず切り抜けてきたし、どんなに不利な状況をもひっくり返してきた。いまから三年ほど前、三二歳のときにはこんなこともあった。裏風俗店でホテトル嬢として働いているという女の子が知人を通して、

「助けてくれ」

と泣きついてきたので話を聞いてみると、オーナーが阿漕《あこぎ》な男だった。借用書を書かされ、借金でがんじがらめにされたうえで無理やり働かされているというのだ。その店を経営しているオーナーの話を聞いているうちに、矢向にピンとくるものがあった。

「そいつは只野《ただの》（同じく仮名）じゃねえかな」

中学の同級生で、つい半年前まで矢向が面倒を見ていた男だった。どうしても生活でき

ないというので、矢向の親分のS組長が後ろ盾《だて》となっている裏風俗店に、マネージャー格で入れてあげたのだ。

ところが、只野はしばらく働いたのちに、矢向に断りもなく勝手に店を辞めていった。すっかりノウハウを覚えたことで、自分で独立して同じような裏風俗店を経営しているとの噂《うわさ》も耳にしていた。さっそく矢向が舎弟を一人連れて店に乗り込んだところ、その勘《カン》はズバリ当たり、オーナーは只野当人だった。

「ひさしぶりだな。おまえ、まあ、ずいぶんあくどいことをやってるようだな」

矢向が切り出すと、只野はうしろめたさもあって、ビビリながらも、

「オレにはケツ持ちがいるんだ」

と精一杯突っ張って、その「ケツ持ち」だという男の名刺を出してきた。「ケツ持ち」というのは、言うまでもなく用心棒のことである。

すると、その名刺には、何と矢向が所属するS組の上部団体であるY会の副会長の名が刷り込まれていた。親分のS組長と同格クラスの男だった。

「兄貴、こりゃまずいんじゃないですか」

さすがに矢向の舎弟が囁《ささや》いたが、矢向は少しも意に介さず、

「構わねえ。こいつを攫《さら》え!」

と命じ、山に連れていって痛めつけた。矢向には、その名刺の主《あるじ》である副会長が、あとでどんなクレームをつけてきても、ひっくり返す材料があったからだった。

案の定、翌日、副会長から電話があって、

「おまえ、オレの名刺出してるヤツに、手をあげるとはどういうことなんだ⁉」

との咎《とが》め立《だ》てが入った。矢向からすれば、二回《ふた》りも歳上の稼業の大先輩である。

だが、矢向は少しもひるまなかった。

「いや、副会長。只野というのは、もともとうちの組で面倒見ている店で働いていた男で、私の中学の同級生。その店に世話したのも私ですよ。で、うちの組に対して行儀悪いことした男を教育するのに、知ってる人の名刺を出してきたからって、何で中止しなきゃならないんですか」

「何だと⁉ おまえ、誰に向かって言ってるんだ⁉」

「二人で話をしてもラチがあきませんから、副会長、只野を連れて話に来てくださいよ」

「よし、いいだろ」

後日、矢向は副会長に指示された場所へ、肚を括って一人で赴くと、現われたのは副会長とその舎弟であるA組長の二人だった。

見くびったがゆえの誤算

A組長は自分たちに絶対的に分のある話とみたのか、端から余裕綽々、それでなくても相手の矢向は格下もいいところとあって最初から舐めきっていた。

「おい、矢向。おまえ、うちの兄貴をバカにしてんのか。うちの兄貴の名刺出してきたヤツにヤキ入れるというのは、うちの兄貴に喧嘩売ってるのと同じことじゃないか。どうなんだ⁉　おう、性根据《す》えて答えろよ」

「お言葉ですが、A組長、どこまでわかったうえで、この場へ来てるんですか。あとで知らなかったと言っても済まされなくなりますよ」

「何だと⁉　コラ、おまえ、オレにも喧嘩を売るっていうのか⁉」

居丈高《いたけだか》に突っかかってくるA組長にも、矢向はキレずに冷静に答えた。

「いいですか。只野から、メシが食えないから助けてくれと泣きつかれて面倒見てやったのは、うちのS組なんですよ。うちのホテトルの店で責任者として働けるようにしてやって、本当ならカスリを収めなきゃならないのに、売りあげがないと言うので、待ってあげたり、大目に見てやったりもしたんですよ。それなのに、うちの店を勝手に辞めて、ノウハウを覚えたからって、うちに話も通さずに、独立してそっくり同じ店をやるというのは、どう考えても筋がはずれてるし、うちのS組長をバカにしてるのと同じでしょ。そういう人間とわかったうえで、おたくのほうが囲っているというなら、うちに喧嘩売ってるのとどこが違うんですか」

「……」

矢向の筋の通った説明に、副会長もA組長もしばし反駁《はんばく》もできなかった。何ら切り返すことができずに、その場は二人そろって引きあげるしかなかった。

しかし、どう考えても収まらないのは副会長だった。同じY会のライバルとして、機会があれば何とか目に物見せてやろうと思っているS組長なのに、こともあろうに、その若い衆の矢向ごときに——副会長からすればチンピラ同然の男にいいようにやりこめられたことが、腹立たしくてならなかった。

「くそっ！　あの小僧、思い知らせてやる。何かいい手はないものかな……」

副会長は思案を巡らせた。ふだんから仲のいいつきあいをしている他組織のBという男にも相談してみた。BはH会という、超武闘派として全国的に名の轟いている組織に所属

している男でもあった。副会長から話を聞くや、Bは、

「よっしゃ、いい考えがある。副会長、その只野という男をすぐ呼んでくれよ。そいつを交《まじ》えて打ちあわせをしよう。その矢向とかいう生意気な小僧からきっちりけじめを取ってやるから、任せなよ、副会長」

と請けあい、妙案を出してきた。それは、

「只野はもともとオレの若い衆だったことにすればいい」

というもので、それを聞くなり、副会長は、

「そいつはいい。ありがたい話です。天下のH会のBさんの若い衆を甚振《いたぶ》ったと知れば、矢向の野郎、震えあがりますよ」

と、してやったりの顔で喜んだ。だが、それはあまりに矢向という男を、まだ歳が若いゆえにチンピラと見くびりすぎた誤算というものであった。

やりとりを想定し、口上《ベシャリ》を反復練習

二人はあとでそのことを嫌というほど思い知り、失態を演ずることになるのだが、そうとは知るよしもない副会長、嬉々《きき》とした思いを内に秘めて、

「矢向君、このあいだの一件でもう一回話をしたい。今度は只野も連れていくよ。はっきりさせよう。あんなことにいつまでもかかずりあっていても、おたがい忙しい身だ、早いとこケリをつけようじゃないか」

と矢向に電話を入れ、話しあいの日時と場所を指定した。

「わかりました。自分一人でおうかがいします」

と矢向は答えたが、〈来たな〉と肚を決めた。副会長の余裕ある口ぶりから、今度の話しあいに何か切り札を出してくるのは間違いないと読んだのだ。

「ようし、負けてたまるか。筋はこっちにあるんだ」

矢向には絶対的な自信があったが、話しあいに臨むにあたって、自分のほうに落ち度はないか、何か揚げ足を取られるような手抜かりはないか、もう一度、今度の一件を徹底的に検証してみた。自分の口上《ベシャリ》も何度も反復して練習し、

「相手がこう来たらこう答える。こっちがこう言って、あっちがこう答えたら、さらにこう突っ込む。別の答えであったら、こう切り返す……」

と何通りもの相手とのやりとりを想定し、万全《ばんぜん》の備えをした。言ってみれば、掛けあいにあたっての予習復習であり、何より大事な準備である。

ところが敵は、まったくそれには及ばぬほどの取るに足らぬ相手でしかなかった。

さて、当日――。指定された場所で待つ矢向の前に現われたのは、副会長、当の只野、それに矢向からすれば見知らぬオヤジ、の三人だった。そのオヤジこそH会のBだった。

四人は話しあいのテーブルに着いたが、誰も口を開かなかったので、矢向が、

「私から話をしてもいいですか」

と申し出ると、

「おお、喋れよ」

と副会長が促した。そこで矢向はまず只野に顔を向け、

「おい、只野。おまえ、今回の件、どう思ってるんだ?」

と切り出した。

「今回の件って、私がやられたことに対してですか?」

「おまえがやられたことじゃなくて、おまえがやってしまったでたらめなことをどう反省してるんだと聞いてるんだ」

そのとき、横から、

「おい、ちょっと待て。オレの若い衆に対して、そんな口のききかたはないだろ」

と口を出したのは、言うまでもなくBだった。矢向はそれに、

「ああ、そうですか」

と答えたものの、少しも意に介さず、再び只野に、

「おい、おまえ、どうなんだ、答えろよ」

と迫ったから、Bが、

「おい、いま言わなかったか。オレの若い衆だから口のききかたに気をつけろ、って」

と凄んだが、矢向は同じようにそれを無視して、

「おい、どうなんだ。只野、このヤロー、ちゃんと答えろ」

と只野に声を荒らげた。これにはとうとうBが癇癪《かんしゃく》を起こした。

「こらっおまえ、本当にわかってるのか！　オレに喧嘩を売ってるのか⁉」

「いや、わかってるのかって、どこのどなたさんかもわからない人の言うことを、何で私が聞かなきゃならないんですか」

矢向はあくまで冷静に答えた。そこで初めてBは名乗った。

「オレはH会のBだ」

「ああ、そうですか。私はS組の矢向と申します」

H会と聞けば、ふつうの若いヤツならビクつくところを、矢向がことさらの反応を見せなかったので、最前から遣《や》りとりを見ていた副会長は意外な感がした。

命運を分けた事前準備とリサーチ

少しも動じずに、矢向が、

「じゃあ、続けさせてもらいますよ。おい只野、おまえ、いいかげんにしねえか！　黙ってねえでちゃんと答えてみろ！」

と同じことを続けるので、Bは怒りの形相《ぎょうそう》を顕わにした。

「おい、待て！　矢向といったな。おまえ、オレをバカにしてるのか！」

矢向も負けずに応じた。

「いま、あなた、自分の若い衆だって言いましたね。何でまともに話もできないヤツに、私がまともに話さなきゃならないんですか。だったら、若い衆さんにちゃんと話をさせてください」

「よし、わかった。おい只野、おまえもちゃんと話をしろ」

Bに言われて、ようやく只野もいままでのいきさつをひと通り話しだした。

そのうえで、矢向はBに、

「ところで、今度の一件があって、私が只野にヤキを入れたときには、彼はBさんの若い衆になっていたんですか」

と訊《たず》ねたところ、Bの答えは、

「そうだ」

というものだったので、矢向は内心で、

〈シメた！　これで、このヤローからケツを取れる〉

と小躍りした。そんなこととは露知らないBは、こう迫ってきた。

「だからな、矢向。おまえさんはオレの若い衆に手を出したんだ。ずいぶん痛めつけてくれたそうじゃないか。この落とし前はどうつけてくれるんだって言ってるんだよ」

「いま、この男が言ったことを聞かなかったんですか。こいつはうちでシノギを与えてやって面倒見てやったのを勝手に辞めてって、うちの商売、パクッてやってるんですよ」

「パクるったって、裏風俗の商売なんか、どこの組でもやってることだろ。それを真似したからって、何が悪いんだ」

「それはごもっともです。ただ、じゃあ何でうちの店を辞めてった人間が、後生《ごしよう》大事にうちのいろんなデータをコピーしてそれを使ってるんですか」

矢向がきっちり調べてあることだったが、Bには初耳だったようだ。

「何だって？　オレはそんなこと聞いてないぞ」

「聞いてないじゃないでしょ。この場へ来て知らなかったでは済まされないでしょ」

「……」

「おたくで盃やったって言いましたけど、そういう人間に盃をやったっていうことは、うちの親分に対して喧嘩売ってるんですよね」

「いや、そうじゃない。オレはわからなかった」

「そういうのは、ここでは通用しないんじゃないんですか」

「──いや、ちょっと待ってくれ」

さっきまで威勢がよかったBが、にわかに形勢がおかしくなった。

「Bさん、あなたは自分の親分がバカにされたらどうしますか？」

「そんなヤツは殺すよ」

ここでもBは言わずもがなのことを言ってしまった。すかさず突っ込む矢向。

「ですよね。じゃあ、自分の親分バカにされたんだから、こいつ殺しても構わないですよね。私も懲役行く覚悟できてますから、こいつの身柄《ガラ》渡してください。きっちり、けじめ取りますから」

「――待ってくれ。こいつは右も左もわからない若い衆だから、矢向君、勘弁してくれないか」

最前まで「おい、おまえ」「このヤロー」と言っていた者に対して、いつのまにか君づけである。矢向はここぞとばかりに唸りまくった。

「看板出しといて、右も左もわからないはないだろ！　このヤロー！　おまえ、何しにこの場面に来てるんだ！」

もはや勝負ありといったところである。

結局、最後はBと副会長とが平謝《ひら》りに謝ったところで、矢向のほうも「それでよし」として、それ以上のことは追及せず（ケツを取らず）に鉾《ほこ》を収めたという。

この掛けあいの教訓は、まず相手がどんな格下であろうと若輩であろうと、見くびったり舐めてかかってはならないということ。それと掛けあいにあたっては、いかに事前の準備とリサーチが大事かということが挙げられよう。

㊆情報を握る者が勝つ！

掛けあいの前に情報を握れ

三二歳という若手の虎井《とらい》組長（もちろん仮名。このエピソードの登場人物はすべて仮名）、あるとき、同じ街で渡世を張る代紋違いの龍野《たつの》という組長から、こんなクレームの電話を受けた。ちなみに二人は同い歳であり、たがいに名前は知っているという程度の関係で、つきあいはほとんどなかった。

「じつは虎井組長、おたくで面倒見てる星子《ほしこ》という女の子が、うちの組の者と関わりのある月子《つきこ》という女の子に対して、とんでもないことをしてくれましてね。インターネットのサイトというんですか、あれにひどい誹謗中傷《ひぼうちゅうしょう》を書き込んでくれたせいで、月子は大変な迷惑をこうむり、精神的なダメージを受け、いまだにその被害があるそうなんです。けど、まあ、それは女の子どうしで話がついてることで、自分らが出てってどうこうという話じゃない。ところが、そのことで話がついてるものを、星子という女の子はいっこうにその約束を守ってくれなくて、逃げ回ってるそうなんですよ」

「その約束というのは、何か落とし前みたいなもんということですかな」

「ええ、あくまで彼女たち、カタギの女の子どうしで話しあって決めたことのようですが、星子が月子に対して詫び状を書き、その迷惑料・慰謝料として一〇〇万円を支払うという誓約書まで書いたそうです」

「ほう……」

「何しろ悪質なんです。そのサイトに月子の実名と住所、電話番号まで明記したうえで、あることないこと書き込んだもんで、いまだに月子のもとには毎日のように変態じみた電話が絶えないそうなんです」

「そいつはひどいな」

「それでも月子が電話番号を変えるわけにはいかないのは、いまの彼氏というのが少年院に入ってるからで、出てきて連絡が取れなくなってしまうのが困るからですよ。で、その少年院に行ってる彼氏というのが、うちの組員の弟なんですわ」

「ああ、そうですか。じゃあ、その星子というのはうちの組の関係者ということなんですかね？」

「そちらが面倒見てる『ムーンライト』という風俗店のマネージャーをやってる獅子山《ししやま》という男の彼女《ヤツ》が、星子だと聞いてますよ」

「ああ、なるほど」

「そういうわけで虎井組長、このままでは月子がかわいそうなんでね。その星子という女の子と月子とでもう一回、話しあいさせてもらえませんか。あくまでカタギの女の子どうしの話だ。自分らの出る幕《まく》じゃない。これはやっぱり本人どうしで話しあって決めたことなんだから、その約束を守ってもらうのが一番いいとは思いますがね」

「わかりました。龍野さん、そういうことならうちの者に言って何とか手配させますよ」

虎井は電話を切ると、すぐに『ムーンライト』の担当である舎弟の熊井戸《くまいど》を呼んだ。虎井がいまの龍野組長の話を熊井戸に伝えると、彼は、

「わかりました。マネージャーの獅子山に言って、すぐに星子を連れてこさせます」

と答えた。

「ところで、おまえ、この件知ってたのか」

「いえ、いま初めて知りました」

「龍野組長の話が本当だったら、うちのほうにだいぶ分の悪い話のように思えるが、この件、おまえ、もう少しくわしく調べてみろよ」

「わかりました」

やがて熊井戸は『ムーンライト』マネージャーの獅子山を通して星子を確保した旨を告げてきたので、虎井は龍野にそのことを連絡した。

そのうえで月子と星子とが話しあうことになり、双方でその日時と場所を決めたのだった。その際、虎井が龍野に確認したのは、

「龍野さん、これは女の子どうしの話しあいですよね」

ということだった。

「ええ、そうです。双方の組から付き添いを一人ずつ出すといっても、それはあくまで付き添いですから」

龍野も答えた。

当日、熊井戸が星子に付き添い、約束の場所に赴くと、先方は犬上《いぬがみ》という龍野の舎弟が月子を連れてきた。話しあいが始まると、犬上がすぐに、

「おい、こら、星子。おまえ、オレんとこが月子の面倒見てるって知ってて、カネも払わないばかりか、ずっとズラして（逃げて）たんだよな」

と星子にカマシ（脅《おど》し・ハッタリ）を入れてきたので、熊井戸が、

「ちょっと待ってください。今日は当人どうしの話しあいの約束じゃないんですか。それは脅しと違うんですか」

と抗議すると、犬上は、

「うるせえ！　オレはおまえなんか知らないぞ」

　と言ってきたので、

「これじゃ話になりませんね。話が違うし、約束違反だ。今日は帰らせてもらいますよ」

　熊井戸は席を立ち、星子を連れて即座に引きあげた。帰って、その旨を虎井組長に報告すると、虎井は、

「それでいいよ。上出来だ。さあ、あとはヤツがどう出るかだ。何も言ってこなけりゃ、こっちから攻め込むぞ」

　と満足げに答えた。むろん攻め込むというのは、喧嘩するというのではなく、掛けあいのことである。

クレーマーに対して優位に立てる条件

　じつはこの時点で、虎井は今度の一件、熊井戸に事実関係を調査させて、ほとんど事情を摑《つか》んでいた。その結果、

「何だ、これならこっちが分の悪い話でもないじゃないか。いや、むしろ逆だ」

　となったのである。そのうえ、今度の話しあいでも、約束を破ってヘタを打ったのは、

龍野組のほうだった。

「よし、これで勝てる！」

虎井は確信を持ったのだ。すると案の定、龍野から再び電話があり、

「虎井組長、どういうことですかな。せっかく話しあいの場を持ったのに、それをぶち壊すような真似をするというのは。うちを舐めてるのと違うか」

と言ってきた。言葉遣いもぞんざいになっている。それに対して虎井は、穏やかな口調でこう申し入れた。

「まあ、どうですか、龍野さん。ここはいっそ、私とあなたとで話をしませんか。女の子どうしよりそのほうが手っ取り早くていいでしょ」

「おう、望むところだ」

龍野が鼻息も荒く答えた。

当日、虎井と龍野は話しあいのテーブルに着いた。まず虎井が辞を低くして口を開いた。

「で、全体、どういうことなんでしょうか」

それに対して龍野は、

「まず、この間の件、話しあいの途中で席を立つとはどういうことなのか」

といばって追及しだした。

「龍野さん、あれは当人の女の子どうしで話しあうという約束でしたね。それを言うなら、そちらが不利になると思いますよ」

「まあ、それはいい。ともかくだな、おたくの面倒見てる星子がうちのほうの月子に対して、とんでもないワルさをしてくれたんだ。ネットで淫乱女だの、誰とでもヤラせる女だのって、電話番号まで書かれてひどい目にあったわけだ」

「そりゃ、確かにひどい話ですな」

「で、その結果、月子と星子とが話しあいをして、星子が非を認め、ついてはこれこれこういうお詫びをするという誓約書を書いたんだ。ところが、星子はその約束を守らないで逃げ回ってる。だから、ここいらでその誓約書の約束を実行してもらいたいということなんだ」

「なるほど。ひとつ、聞いてもいいですかね」

「何だい」

「女の子どうしで話しあい、星子が非を認めたうえで誓約書を書き、約束したこと——というのは間違いありませんね」

「ああ、間違いない」

「本当ですね。吐いたツバは呑めませんよ」

「確かだって言ってるだろ」

「そら、もうこれでおたくはこのあいだのことといい、二つ目のウソをついたことになりますよ」

「何だと⁉」

「こっちは全部調べてるんだ。何が話しあいだよ。月子の依頼を受けたあんたの舎弟たちが、星子を山の中へ攫《さら》ったうえで、『輪姦《まわ》されるのがいいか、売り飛ばされるのがいいか、カネを払うのがいいか、三つのうちのひとつを選べ』ってさんざん脅したから、星子もおっかなくて誓約書を書き、カネ払いますって話になっただけじゃないか」

「……」

「そりゃ、カタギの女の子にすりゃ、不良からそこまでされて脅かされりゃ、言いなりになるのはあたりまえだろ」

「いや、オレはそんな話は聞いてないぜ」

「たがいに不良の看板出して話をしましょうと言って、聞いてないなんて話が通用するわけないだろ！　星子を攫って脅したおまえさんの舎弟が馬原《まはら》ってヤツだってことも、調べてあるんだ。カタギの女の子どうしの喧嘩に、ヤクザが介入して片方を攫った挙句《あげく》、そんな脅しをかけるなんてことを、龍野さん、あんたは舎弟にやらせるんですか？」

「いや、オレがそんなことをやらせるわけがないじゃないか。だいたいその馬原って男、もう、うちにはいない男だよ。うちからフケやがったんだ」

龍野が言わずもがなのことまで喋ってくれたので、虎井にすれば好都合だった。

「ほう、じゃあ、そいつが悪いということですかな、龍野さん。その馬原という男から、けじめを取っていいんですね」


けじめを取りに来た相手から、逆にけじめを取る

いつのまにか逆襲である。虎井に対してけじめを取りに来たはずの龍野が、逆にけじめを取られる話になっているのに、相手が名指したのは、組から逃走し行方不明になっている男とあって、龍野はまるで他人事のように安易にも、

「ああ、いいよ、ぜんぜん構わねえ」

と言ってしまった。虎井からすれば、シメた——である。

「ああ、そうですか。ところで、龍野さん、その馬原は大きな金看板を背負って、カタギの星子に対して追い込みをかけてくれたけど、いったい誰の舎弟だったんですか」

「それはオレだが……オレの舎弟だよ」

「——ということは、兄貴分であるあなたにも責任があるんじゃないんですか。龍野さん、そういうことになりませんか」

虎井にすれば御しやすい相手だった。龍野という三次団体の組長は、看板を笠に着て、看板でものを言ってくるだけのあまり頭の良くない男——とは事前に調査済みであった。

虎井の問いかけに、龍野は、

「そうだな」

と認めさえするのだから、データ通りで、虎井にかかれば赤子《あかご》の手をひねるにも等しい相手だった。

「じゃあ、そのことに対する落とし前はどうつけてくれるんですか。うちが面倒見てる店のマネージャーの彼女を脅して、詫び状兼誓約書まで書かせて一〇〇万円も取ろうとするなんざ、ヤクザにあるまじきことですよ。あまつさえそのことでウソをついて、うちからけじめを取ろうとした。これも許しがたい。このけじめをどうつけてくれるんですか、という話ですよ」

もはや龍野はグーの音《ね》も出なかった。虎井をやっつけるために意気揚々と乗り込んできたはずなのに、形勢はまるっきり逆になっていた。

そもそもは、虎井側の星子が龍野側の月子に対してあまりに悪どいことをやったのが発端なのに、そんなことはいつのまにかどこかへ飛んでしまっている。

「わ、わかった。そのけじめは必ずまとめてつけさせてもらうよ。ただ、少し時間をくれないか。……そうだな、四日くらい待ってくれないか」

龍野がしどろもどろになって返事をした。

「ああ、いいですよ。待ちましょ」

思い通りの展開となって、虎井は満足げに引きあげた。

追いつめすぎてはいけない

三日後——約束の日の前日、虎井は、

〈もういいだろ。あまり追いつめても、いい結果にならんだろ。もともと悪いのはこっち

の星子だ〉

　との考えがあって、龍野に電話を入れた。

「まあ龍野さん、このあいだ、ああは言いましたが、龍野さんの立場もあるでしょうから、けじめはもうけっこうですよ」

「えっ、本当ですか」

「ただし、私もヤクザの看板張ってる以上、簡単にチャラにしましたというのでは、世間から甘く見られてしまう。ここはひとつ、おたがいの顔が立つように、何かしらの形をつけましょ」

「――形ですか？……」

「言っちゃ悪いけど、そちらの月子という女の子、行儀が悪すぎますよ。自分と同じ年ごろの女の子に対して不良使って、輪姦されるのと、売り飛ばされるのと、カネ払うのとどれがいい――なんて脅させるなんざ、ちょっと度が過ぎてます。もし、自分が同じ目にあったらどうなるか、そのつらさがわかんないから、そういうことするわけでしょ」

「はあ……」

「同じシチュエーションを作ってもらえませんか。月子をこっちに詫びに寄こしてください。こっちも同じように月子に対して、輪姦されるのと、売り飛ばされるのと、カネを出すのとどれがいい？　——って、びっちり脅しますから」

「……」

「ただ、その際、輪姦そうが、売り飛ばそうが、好きにして——なんて月子に開き直られたらこっちも困るので、龍野さん、事前に月子には、けっしてそんなことは言わないように言っておいてください。とりあえず謝って、カネを払うとか何とか言っておけ。心配するな、オレがあとで必ず虎井と話をつけて、おまえを助けてやるから——とでも言い含めておいたらいいですよ。それで実際、私のほうも、龍野さんからそういうふうに言われたので、今回の件はこれで終わりにします——ということにすればいいじゃないですか」

虎井は龍野のために一件落着にいたるシナリオまで書いてやることにしたのだった。

「ああ、なるほど」

そのシナリオ通り、虎井の若い衆は月子に対して星子がやられたのと同様の脅しかたをしたのだが、もとより芝居である。最後に獅子山がこう言って月子を帰したのだった。

「どうだ、自分がやられたらつらいだろ。星子がおまえに対してネットでやったことも悪質だが、おまえはそれ以上にひどい。二度とこんなことをするなよ」

月子が帰ってきたところで、今度は龍野が虎井に電話を入れた。

「月子も反省してるし、おカネと言われたって、そんな大金払えるもんじゃない。どうか今回は私の顔に免じて許してもらえないだろうか」

うちあわせ通りの弁だった。

「わかりました。そこまで言うんでしたら、龍野さんの顔を立てて、今回はこれで終わりにしましょ」

虎井も予定通り答え、一件落着となったのである。何もかも虎井のほうが一枚上だった。最終的には、クレームをつけられたはずの虎井が、クレームをつけてきた龍野に対して頭を下げさせた——という事実が残ったのである。

八 クレーマー相手の話術はヤクザに学べ

クレーム処理を一手に引き受けてきた組長

この世にはクレーマーなる存在があって、ともかく相手が企業であろうが個人であろうが、学校、役所、個人事業主であれ誰であれ、どんな瑣末《さまつ》な過誤、ミス、誤りでも見逃さず、容赦なく文句をつけ、ほとんど因縁、いちゃもん、言いがかりとしか言いようがない難クセをつける手合いがいるものだ。

「どうして子どもの給食費を払わなきゃならないのか。うちは給食を頼んだ覚えはない。ましてて義務教育なんだから、給食費も国で面倒見るのがあたりまえじゃないか」

「このヤロー、天気予報じゃ晴れるって言うから傘も持たずに出かけてしまって、服がビショ濡れだ。気象庁は服のクリーニング代を弁償しろ」

「強風のため電車のスピードが出せないだと⁉ おかげで約束の時間に遅れて、取れる契約も取れなくなってしまったじゃないか。JRはこの責任どう取ってくれるんだ？ 運賃を返してくれ。そのうえで、契約分の代金も払え」

「天下の大作家であるオレさまをつかまえて、よくもフリーライターなどというチャチな肩書きで載せてくれたな。けしからん、名誉毀損《きそん》で訴えてやる」

――等々、カタギと言われる人種でさえ、このていたらくなのだから（もっとも、最後のフリーライターなる御仁《ごじん》は、厳密に言えばカタギとは言いがたいかもしれないが）、クレーマーといったら、その道のプロ（?）ともいえるヤクザ世界においては、その処しかたの難しさがどれほどのものか、おそらくカタギ世界の比ではあるまい。

都内に事務所を構えて二十数年になるという桜庭哲之介《さくらばてつのすけ》（仮名）は、広域系三次団体・桜庭組組長で、かつ上部団体AZ会の本部長をつとめ、会や組に持ち込まれるそうした数々のクレームの処理を一手に担当してきた。五〇代の実力組長である。

「まあ、そこそこ激戦地に事務所を構えてね、そりゃいろんなクレームが来ましたね。もちろん相手はカタギじゃなくて、同じヤクザ渡世の面々だ。もっともなクレームもあるし、明らかに無理難題、因縁、言いがかりをつけてくる手合いもいる。けど、それに屈するわけにはいかない。われわれの稼業は、そこで一回でも引いたり妥協したら、もうおしまいだからね。そうじゃなくて、それをすべて乗り切ってきたからこそ、いまがあるわけでね」

と桜庭親分。

先に言ったほうが勝てる便利な言葉

あるとき、都内の別の街に本拠を置くX組という組織から、桜庭のもとへこんなクレームの電話がかかってきたことがあった。

「おたくの何某という人間が、うちのシマ内で悪さしてくれましてね。この始末、どうしてくれますか」

だが、桜庭にはそんな若い衆の心当たりはなかったし、いろいろ身内を調べてみても、その男を知っている者は誰もいなかった。そこで桜庭は、

「どうしてくれるったって、そいつはうちの若い衆じゃないんだ。うちの若い衆じゃないのに、どうにもしょうがないだろう」

と答えた。それでも相手は、

「いや、おたくの若い衆だって言ってる以上、おたくの若い衆だ」

と執拗《しつよう》に言ってくるのだが、

「冗談言うな。うちの若い衆だってどこに書いてあるんだ。うちの名前、勝手に名乗ってるヤツに対して、いちいちケツ持ってたんじゃヤクザやってられないだろう」

と一蹴しておしまいだった。それでいて、桜庭は、攻守ところを変えた逆のケースに対

しては容赦しなかった。

たとえば、桜庭組で面倒見ている地元のカジノ店を荒らした二人組がいて、そいつらを若い衆が取っ捕まえたことがあった。少々ヤキを入れたところ、二人組は、

「N組の者だ」

と白状した。そこで彼らの名前を聞いたうえで、N組に連絡を入れ、この落とし前をつけろ——と迫ったのだった。すると、先方からは、

「そんなヤツらは知らねえ。うちの若い衆じゃない。うちを騙《かた》ってるだけだ。そんなヤツらの責任は取れない」

との答えが返ってきて、あくまで若い衆ではないと言い張った。前述のケースとは真《ま》逆《ぎゃく》であった。だが、桜庭は相手の主張を認めなかった。

「おたくはそう言いきるけど、そっちの名前を名乗ってる人間が間違いなくここにいるんだ。いないんだったら別だけど、ここに生け捕ってるんだよ。騙りか何か知らないけど、おたくの名前名乗った以上は、そっちが現場まで来てその顔を見て首実検して、そうかそうでないか確かめて、仮にそうでなかったとしたら、おたくのほうに連れてって、そのけじめを取るのがあたりまえだろ。それが〝ヤクザの筋〟というもんじゃないのか」

「ヤクザの筋」——ということを持ち出されたら、ヤクザ渡世に生きる者にとって、これぐらい弱い言葉はない。それにしたって、桜庭親分、前述のようにこれとまったく同じケースで、

「うちの若い衆じゃない。関係ない」

と押し通しておきながら、立場が変わると、とことん相手に責任を取らせようとするのだから、何ともはや勝手なもので、「自分のことはタナにあげて」——の典型のような話であろう。

では、前述の一件、この場合と同じように先方から、

「首実検に来い。そのうえで違っていたら連れて帰ってけじめを取るのがヤクザの筋というもんだろ」

と逆に突っ込まれていたら、どうするつもりだったのだろうか。

「いやオレは、連れて帰らねえよ、そんな道理はねえ、ってツッパるよ。うちの組を騙るのはそいつの勝手だ。たまたまうちの組が騙られただけで、他の組であったかもしれねえ。で、悪さされたのは、おたくの組だ。そっちで捕まえた以上、そっちで好きにしてくれ——って言ってね。それがヤクザの筋だろって」

と、桜庭親分。要するに「ヤクザの筋」と先に言ったほうが勝ちのようなのだ。ではそれが騙りではなく、現実に自分のところの若い衆だったとしたらどう対応するのだろうか。

ある日、桜庭組長のところへよその組織から、

「おたくの若い衆さんに、ちょいとばかり筋違いなことをされた。これは許しがたい。そこで若い衆さんの躰《からだ》を預かることにした。さあ、どうするんだ」

という知らせが入ったとしよう。今度は間違いなく攫《さら》われたのは、正真正銘の桜庭組組員であった。

だが、桜庭組長、こういう場合でもけっして慌てず騒がず、もとより相手のところへすぐさま若い衆の身柄を引き取りにのこのこ出かけたりもしなかった。こう開き直るのだという。

「ああ、そうかい。うちの若い衆、攫ったんなら攫ったでしょうがない。オレんとこは攫われたからといって、ごめんなさいと言って、攫われた人間を取り戻しには行かないことになってるし、攫われたヤツもそれで納得してるだろ。というのは、オレんとこには昔から『攫われたら命はないものと思え』との家訓があるんだ。

攫ったんなら、煮るなり焼くなり好きなようにしてくれ。帰りに白い着物で帰すのなら

それもいい。だけど、そのときはおたくの人間も何人かは白い着物を着るようになるよ。何となれば、うちには『やられたら倍にして返せ』という家訓もあるからだ」

と、こんなことをギャンギャン喚《わめ》いたり唸ったり吼えたりせずに、シレッと落ち着き払った声で言うのだから、さすがに言われたほうも、いくらハッタリとわかっていてもいささか気持ち悪いだろう。

そのためかどうか、たいがいはそれ以上事を荒立《あらだ》てることもなく、まもなくすると攫った若い衆をすんなり帰してくれることになるという。

上には上がいる

ところで、桜庭組長が二十数年前に事務所を構えたいまの地は、東京でも有数の繁華街でヤクザの激戦区。組長にとってもまったく初めての土地だった。上部団体であるAZ会の勢力の及ぶところではなかったので、当初は桜庭組長に対して、まわりからの白眼視もかなりあったようだ。

「桜庭というのはAZ会の鉄砲玉じゃないのか」

という見方が大半で、また桜庭組長自身、そう見られてもしかたがないほど、他に対して遠慮がなかった。露骨な縄張り荒らしをしたわけではないにせよ、それと誤解されかねない動きがあったのも確かだった。

ときには、小競《こぜ》りあいやちょっとした衝突が起きることも少なからずあった。要するに最初のころは、周囲とは年中揉《も》めていたのである。

そのため、桜庭組長の親分にあたるAZ会AZ会長のもとに、クレームの電話が入ることも多かった。AZ会長に直接電話できるほどの相手となれば、当然ながらいずれもそこその親分ばかりとなる。

では、AZ会長はそれに対してどう対応していたか。会長は相手に詫びるどころか、こう答えるのが常だったという。

「うちの桜庭はまだ、駆けだしの修業中の男ですよ。大先輩のあなたがたがちゃんと教育してくれればいいだけの話じゃないですか。どうか、未熟者ですから、教育してやってくださいよ」

と、まるで教育できないおまえらが悪いと言わんばかりに、相手を難詰する始末。これには相手もそれ以上何も言えず、引き下がるしかなかったという。貫禄の違いというべきか。

そして桜庭組長のことは、いっさい怒りもしなければ注意をするわけでもなく、いつも黙って好きにさせてくれていたという。

ただ、いつも喧嘩ばかりしている桜庭に対して、

「どうだ、近ごろの喧嘩は勝ってるのか」

と訊くだけ。そのつど桜庭が、

「はい、勝ってます」

と答えると、ニッコリしておしまいというのがいつものパターンだった。他組織からのクレームに対する桜庭組長の対応、所作にしても、このAZ会長の多大な影響があるわけである。

クレームといえば、昨今やたら多くなったのが、若い衆の借金問題だ。若い衆がよその組織の人間に多額の借金をして返せなくなる。すると、本人から取れないとなれば、相手はその上の者（親分・兄貴）か、もしくは本部に、

「そちらの若い衆さんの借金、どうしてくれるんだ。責任を取ってくれ」

と、いわゆるケツが持ち込まれることになる。その追い込みがあまりにきつくて、しかたなく伝家の宝刀を抜いてしまう親分や組織も出てくる。つまり、当人を「破門」「絶縁」

処分とし、

「うちとは、いっさい関係ありません」

と難を逃れるやりかただ。これも昨今ずいぶん増えてきた。では、それに対する桜庭組長の処しかたはといえば、こう答えるのが常だった。

「オレが見てるとこでやったカネの貸し借りなら、そりゃオレも多少なりとも責任があるよ。けど、オレのまったく与《あずか》り知らないとこでやったことに対して、いちいちケツ持って、オレが借金払ってたら、うちは何十人と若い衆がいるんだから、いくらカネあったって足りないよ。だいたい、それじゃ使用者責任って話になって、汚ない〝官《かん》の発想〟と同じじゃないか。オレたちはヤクザだ。自己責任の論理でいこうじゃないか。カネのことは本人どうしで話してくれ。

そのかわり、うちもそいつを破門なんてことで済まして逃げたりしないよ。破門なんかにしたら、せいぜいそいつがいなくなってしまいだろ。そしたらそっちだって困るだろ。破門にはしないから、そいつと一対一で話してくれ」

とあくまで突っぱねるのだった。はたしてそれで済むのだろうかと思うムキもあるかもしれないが、すべからくそれで済ましてきたのが桜庭組長である。

「まあ、今後も自分の流儀でやっていくしかない。大事なのはいかに肚を括るかということ。掛けあいにしても、命はないものと性根を据えて臨めば、だいたいのことは話がつくんです」

とのことだった。

九 何を譲り何を守るのか、相手の顔を立てろ

交渉上手で知られた伝説のヤクザどうしが対決

石の地蔵さんさえうなずかせる――と言われるほど話術が巧みで、交渉ごとにおいても圧倒的な辣腕《らつわん》を振るったことで知られるのが〝ボンノ〟こと関西伝説のヤクザ・菅谷政雄《すがたにまさお》。

いっぽう、掛けあいの凄さでは一対九の不利な状況をもひっくり返した――と言われるほど音《おと》に聞く親分が、若かりしころは〝バカ政〟、晩年は〝赤坂の天皇〟と言われた浜本《はまもと》政吉《まさきち》である。

二人の東西の名物ヤクザは、愚連隊の時分から親交があり、最後までいいつきあいをしていたという。交渉上手で、掛けあいでは一歩も引いたことがないこの大物二人が、あるとき、まさにその掛けあいの場で火花を散らしたことがあった。

その日二人は、片や三代目山口組、片や住吉《すみよし》会の大幹部として、赤坂の浜本の事務所で対峙していた。神戸から出てきたボンノのほうが、浜本のところへ少々やっかいな話を持ち込んできたのである。

ボンノの用件は、これより少し前に北関東で起こり収まったばかりの山口組系X組（のちに解散）と松葉《まつば》会群馬支部との抗争事件に関することだった。

それは、元松葉会群馬支部にいたAという男が山口組系X組に鞍替《くらが》えしたために起きた

抗争であった。少し長引いたとはいえ、死者もなく拡大することもなく手打ちとなったのだが、ボンノの話というのは、

「Aを正式に山口組のXのところでもらいうけたい」

というものだった。

だが、確かに当時の松葉会群馬支部長の牧野国泰《まきのくにやす》は浜本の舎弟であり、その抗争の間に入って収めたのも浜本であったが、とうてい浜本が返事のできる話ではなかった。

そのため、話はいっこう進展せず、座は少々シラけだしていた。そこへバッタリ顔を出した男がいて、その者を見て浜本が声をあげた。

「おっ、ちょうどいい。当人が来た」

浜本の事務所に訪ねてきた男は、当の松葉会群馬支部長の牧野国泰であった。

「何ですか兄貴、藪《やぶ》から棒《ぼう》に。ちょうどいいっていう言い草はないでしょ」

挨拶もそこそこに、呆れぎみの牧野に浜本が説明した。

「このあいだの抗争の一件でな、Aのことで、ボンノさんはこっちへ来たんだが、Aを正式にXのところでもらいうけたいと言ってるんだよ」

「ほう、そうですか」

牧野の表情が、にわかに厳しくなったのは当然だろう。浜本が続ける。

「うん、それでな。そりゃ、オレの立場じゃ返事はできないよ、牧野のいないところでそんな話はできないよ、と答えたんだが、ボンノさんが、『じゃあ、浜さん。ワイはもうこれから東京へ来れんようになるわ』と、こういう話になってな。そしたら折も折、まるで計ったようにおまえさんが現われた――ってわけさ……」

浜本の説明がひと通り終わったところで、

「なるほど、そうですかい。お話はようくわかりました」

牧野が答え、何事かを思案する顔になった。ボンノと浜本がジッと牧野の次の言葉を待っている。

〈さあ、どう出る？　牧野〉

二人の思いは期せずして同じだった。

まず相手の顔を立てろ

やがて牧野がおもむろに口を開いた。

「菅谷さん、あなたが出てきたんじゃ、無駄足運ばせるわけにもいかんだろうし、まあ、うちの兄貴とも長いおつきあいなんだし、やっぱり花を持たせてさしあげなきゃ、と私は思いますよ。だから兄貴、いいよ。菅谷さんの言う通りにしますよ」

牧野の台詞に浜本が、さも意外という表情になり、菅谷の顔がパッと輝いた。

「どうぞ、Aはもらってくださってけっこうですよ。ただし、ひとつだけあたしの条件を呑んでもらいますよ」

「——何でしょう?」と菅谷。

「Aは関東管区にだけは絶対、入れないでもらいたいんです。関東管区へ入ったときは、うちで体を奪《と》りますよ。それを守ってもらえるなら、Xさんのところだろうとどこだろうと面倒見てくださってけっこうです。まあ、出来の悪いヤローですが、よろしく教育してやってください」

牧野がズバッと言ってのけた。これには浜本も驚くと同時に、牧野のセリフに内心で舌を巻く思いだった。

〈さすがは牧野だ。何が「菅谷さんの言う通りにしますよ」——だ。痛快じゃねえか。こいつは、菅谷に少しも花なんか持たせていやしない。西の者がいくら関東の人間拾っても、関東に置けないと言うんなら、拾った意味は何もないからな。けど、菅谷にしても何も言えんだろ。確かに、菅谷が言ってきたのは、Xをもらいうけたい——ということだけだからな。さあ、菅谷、今度はそっちの番だ。ここはどう出る？〉

浜本がこの先どうなるかとばかりに、成行きを見守っている。菅谷は菅谷で、内心で驚きの声をあげていた。

〈ホーッ、この男、浜本譲《ゆず》りの掛けあいをやるやないか。それにしても、ワイに対して、こうまではっきり、もの言えるヤツ、関東にもおったんやな。見くびったらあかんな〉

菅谷はそんな思いはおくびにも出さず、笑みを湛《たた》えたまま、

「いや、牧野はん、こいつは一本取られましたわ。よろしおま。ワイの顔を立ててくれて感謝しとりますわ。AをXのところでもらえるというんなら、それで良しとしまひょ。おおきに。そのかわり、あんたの言うように、Aは関東には置かせません」

さすがは天下に〝ボンノ〟と音に聞こえた男らしく、菅谷は引き際《ぎわ》も潔《いさぎよ》かった。

「菅谷さん、これからもちょくちょく東京へ遊びに来て、兄貴のいい話し相手になってくださいよ」

「おおきに」

緊張を孕《はら》んでいた場も、最後は和やかな雰囲気で終わったのだった。牧野の掛けあいの

巧みさ、凄さ——卓抜した交渉力のなせる業であったろう。

もし、このとき牧野が、萱谷の申し出をそのまま受け入れて、

「はい、わかりました。どうぞよしなに」

と言ったのでは、何のために抗争までして多くの若い衆を懲役に行かせたのか、わからなくなってくる。世間的にも、

「何だ、天下のボンノの威圧に押されて、やっぱりむこうの言いなりになってしまうんだな」

と甚《はなは》だ聞こえが悪くなって、ヤクザとしての面子を失うことにもなるだろう。かといって、萱谷に対して牧野が、

「そんな勝手な言い分が聞けるか！」

と、はねつけていたら身《み》もフタもないし、萱谷の面子がなくなってしまう。萱谷と浜本の友情にもヒビが入りかねない。

では、牧野はそれをどう収めたか？　萱谷の申し出のひとつは受け入れ相手の顔を立てたうえで、肝心《かんじん》なことはあくまでこちらの言い分を通して、「縄張り死守」というヤクザとしての原理原則を貫いたのだから、見事なものだった。

掛けあいとはかくあるべし――という見本のような話であろう。

最後の一線を越えさせないために

掛けあい、交渉ごと（とくにクレームや無茶な要求などに対応する場合）で大事なことは、最後の一線を守るためなら何があろうと一歩も引かない、という強い姿勢である。守るべき最後の一線だけは絶対に相手に越えさせないという覚悟であろう。

極端な話、それさえ守ることができたら、枝葉末節《しようまっせつ》ではある程度譲歩してやっても構わないということになろう。いや、根幹のものを守るためには、別のものを譲歩して相手の顔を立てるという気遣いも必要になってくる。それが交渉がスムーズにいく秘訣であろう。

ところで、前述の話にはなお後日談があって、牧野が菅谷に本当の意味で花を持たせる機会は、それから三年ほど経ったときに訪れた。

偶然にも、まったく同じような場面が再現されるのだ。所《ところ》も同じ、赤坂の浜本事務所――。牧野が、

「兄貴、いるかい」

と例によって、ブラッとそこをアポなしで訪ねると、やはりボンノが客で来ていて、浜

本と舎弟の平塚《ひらつか》一家総長の亀井利明《かめいとしあき》（牧野の兄弟分）が応対しているものの、場は何やら重々《おもおも》しい雰囲気になっているのだ。

話を聞いてみると、今度の萱谷の用件は、萱谷組の若い衆の実兄のことだった。

その若い衆の実兄はＩといい、東京・浅草でＩ会という一本どっこ（独立組織）の一家を張っていた。Ｉは亀井利明の若い衆のＮという男と兄弟分であったが、兄弟分どうしでちょっとした諍《いさか》いを起こし、ＩはＮを拳銃で撃ってしまった。弾は脊髄《せきずい》に当たって、兄弟分のＮは半身不随《はんしんふずい》の身体になった。

それによってＩは懲役一二年の刑を受けて服役し、最近、そのつとめを終えて出所してきたばかりだった。

萱谷は、自分の若い衆の実兄である縁からそのＩの意を、Ｉが半身不随にした兄弟分Ｎの親分の亀井利明に伝えに来たのであった。

「Ｉはこう言うとるんですわ」

ボンノこと萱谷が言った。

「心ならずも、兄弟分を弾《はじ》いて片輪《かたわ》にしてしまった。一二年間つとめてきたとはいえ、いまだ慚愧《ざんき》の念でいっぱいだ。これからは私が生きてる限り、兄弟の車椅子を押させてもらいたいと思ってる——と。亀井はん、このIの気持ちを汲《く》んでもらえまへんやろか」

Iは一二年服役して出所したあとも、事件をいたく悔《く》いて兄弟分に詫び、生涯をかけて償《つぐな》いたいと言っているのだ。菅谷に口をきいてもらったのは、実弟が菅谷組にいた縁もあって、菅谷と浜本一門との古いつきあいを知っていたからでもあった。

菅谷の話を聞いても、亀井は「うーん」と唸ったきり、しばし沈黙を通した。亀井にすれば、自分の宝ともいえる大事な若い衆を半身不随にした相手である。すぐに笑って許すというわけにいかないのは人情だった。

そんな亀井の心情を思い遣《や》れば、浜本とて自然に口は重くなった。

和解する絶妙のタイミング

牧野が顔を出したのは、まさにそうしたタイミングの折も折だった。

〈何だってオレは、いつもいつもこんな間《ま》の悪いときしかぶつからないんだろ⁉〉

牧野は内心でおおいにぼやいた。そして話を聞くなり、当事者の亀井に率直に意見を述べた。

「兄弟、差し出口をきくようだけど、そいつはちょっとばかり垢《あか》抜けてないいんじゃないかい？」

相手が誰であれ、ズバッと筋論を吐くところが牧野の身上であったが、気の置けない兄弟分となると、なおさら遠慮なくものを言った。

「その事件で一二年も懲役をつとめて帰ってきたお人が、なお弾いた相手のために車椅子を押して償いたい——なんて、なかなか言えることじゃないし、そこまでする人間もいないよ。まして、菅谷さんがこうしてやってきてくれてるんだ。その気持ちに応えないなんてのは、兄弟らしくもねえ」

同じことを他の者が言ったなら、確かに差し出口に違いなく、

「何をこのヤロー！」

と亀井も怒るところだが、牧野が言うと、不思議に腹は立たなかった。

「兄貴も兄貴だ。他の誰でもない、古いつきあいの菅谷さんが言ってくれてることじゃねえか」

牧野は矛先《ほこさき》を浜本に向けた。浜本のほうは、亀井のようにはいかず、すぐに癇癪《かんしゃく》を起こした。

「バカヤロー、生意気言うんじゃねえよ。おまえに言われるまでもない。答えは、きまっ

てるんだ。よけいなことは言うんじゃねえ。なあ、亀井」

「はい、兄貴の言う通りです」

亀井も間髪を入れずに答える。そこらへんは阿吽《あうん》の呼吸である。

「へえ、それじゃあ……」

牧野も心得たものだ。浜本、亀井、牧野の呼吸は見事にピッタリと合っているのだ。

「きまってるじゃねえか。亀井、もういいだろ。ボンちゃんにちゃんと返事してやれよ」

それまでの空気が嘘のように、浜本がきっぱりと亀井を促した。亀井も意を決し、菅谷に告げた。

「菅谷さん、お話はよくわかりました。その若い衆さんの兄《あに》さん――Iさんといいましたか、その人にはこうお伝えください。長いおつとめ、ご苦労さんでした。おたがい、過去の不幸ないきさつは水に流して、どうかうちのNのヤッとこれからは兄弟分どうし、また仲良くしてやってください――と」

亀井の弁を、浜本も大きくうなずきながら聞いている。菅谷が感極《かん》まったような顔になった。

「おおきに、亀井はん、よう言うてくれた。これでワイも肩の荷が降りたわ。Iもホッとしまっしゃろ」

菅谷は亀井と浜本に頭を下げたあとで、牧野に近づくや、その手をギュッと握りしめた。

「いやあ、ありがとう。これで二度目かいな、あんさんに男前にしてもろたんは。ワイはまた関東には来られんようになる思うたんやが、花を持たしてもろたなあ」

盆《ぼん》がよく見える――場の空気がよく読める菅谷には、偶然にも牧野が浜本の事務所に顔を出したことで、本来まとまらない話もまとまった――との思いが強かった。

だが牧野の登場は、はたして本当に偶然だったのだろうか。じつのところは、すべてを見通したうえで、浜本がさりげなく牧野を呼んでいたのではなかったのだろうか、という気さえしてくる。

あくまでこちらの勝手な推測だが、それほど牧野の登場の仕方は絶妙のタイミングであり、そのやりとりといい、掛けあいの妙《みょう》としか言いようのない、見事なものであった。

ボンノの感激ぶりに、牧野も胸をなでおろし、

「じゃあ、お茶をいただくよ」

と、やっと出されたお茶に手をつけ、うまそうにお茶を飲んだという。

ヤクザが掛けあいの場でお茶を飲むという所作は、話がついて懸案の障害を水に流すということを意味した。話がつくまで絶対にお茶に手を出さないのは、古来からのヤクザの掛けあいの流儀であり、牧野もそれを頑《かたく》なに守り通してきた男だったのだ。

⓾沈黙は金、だが雄弁も金である

相手に喋《しゃべ》らせるのもテクニック

掛けあいはバンバン喋《しゃべ》ったほうがいいときもあれば、逆に相手に喋らせるだけ喋らせて自分が黙っていたほうがいい場面もある——とは、三五歳の若手組長である月影健《つきかげけん》（もちろん仮名）が経験上学んだことだった。

最近もこんなことがあった。いいつきあいをしている同世代のAという組長から、

「月影さんは、〇〇市のBという男を知ってましたよね」

と訊かれ、

「ええ、よく知ってますよ。Aさん同様、仲良くしてますから」

と答えた。AもBも月影とは同じ代紋ではあるが、月影を含む三人が三人とも違う組織に所属していた。月影はAとBの両方といいつきあいをしていたのだが、AとBは面識がないようだった。

「そのBがどうかしましたか？」

訊くと、Aの面倒見ている風俗店の社長にBがクレームをつけてきているのだという。

「最近、店とトラブって辞めた女の子がいて、その娘《こ》に給料を払ってないということらしいんですわ。ともかくどういうことなのか、話をしたいと思いましてね」

Aの相談に、月影は、

「わかりました。そんなことなら、私が話しあいのためのテーブルを設けますよ」

と請けあい、双方のために時間を調整し話しあいの席をセッティングすることにした。

当日、Aは当の社長とともに現われ、Bは当事者の女の子二人ともう一人、やはりヤクザと思《おぼ》しき人間を連れてやってきた。Bは社長の顔を見るなり、

「おめえか、このヤロー！　女の子に給料も払わんとはフテえヤローだな」

と言い放った。月影が慌ててとりなし、

「まあ、Bさん、落ち着いて。ここは話しあいの場ということで、たまたま私が両方を知ってたので設けさせてもらった席ですから」

と言っても、Bの態度は終始変わらなかった。正しいのは自分のほうで、そのけじめをつけにきたのだという思いがあるものだから、強気一辺倒《いっぺんとう》、ずっと喧嘩口調だった。

Bに同行したヤクザ者（やはりBと同じ代紋で他組織の者だが、もう一人の女の子の代理人という立場で来ていた）も、同じような態度で社長を攻めまくった。

いっぽう、Aのほうはずっと黙ったままで、二人の男の話をジッと耳を澄まして聞くだけだった。

ところが、よくよく話をしていくうちにわかったのは、社長は、店と喧嘩をして辞めた女の子に対して給料を払わないと言っているのではなく、まだ給料日になっていないから払っていないということにすぎなかった。それなのに店を辞めた女の子二人は、すぐに最後の分の給料を払えと要求しているのだった。

その事実が判明した時点で、Aは苦笑《にが》いを浮かべ、月影も内心で呆れ返った。

〈何だ、Bのヤツ、ろくにリサーチもしないで、女の子の話をうのみにしてここに来てるんだな。こりゃヤバいぞ〉

そのうえ、女の子に対する未払い分の給料が、一人は一五万円、もう一人の女の子が八万円と聞いたときには、いままでずっと黙り込んでいたAが次にどんな態度を取るか、月影にはおおよそ読めるようだった。案の定、Aがここで初めて口を開いた。

「わかった。その給料、いまここで払ってやる。給料日はまだなんだから、本当はそれまで払うこともないんだが、特別だ。それでいいな」

A組長が念を押すと、Bのほうは、

「わかりました」

と応じたから、月影は思わず、

〈ああ、ダメだ。ここで受け取っちゃダメなんだよ。ちょっと待て。おまえら、何もわかっちゃいない〉

と声をかけたくなったが、遅かった。

喋らせたあとに攻めに転じる

女の子二人分の給料を払い終えるや、Aの態度はガラッと一変《いっぺん》した。それでなくても、貫目《かんめ》はBよりAのほうが少し上だった。

「ところでよ。おまえら、さんざんごたく並べて社長からケツ取ろうとしたけど、何のことはない、給料日じゃなかっただけの勘違いだってことがわかったわけだな。その勘違い認めたうえで、給料受け取るっちゅうのはどういう了見なんだ。おまえら、それだけでも二重にヘタ打ったことになるんだぞ。この落とし前どうつけてくれるんだ！」

「……」

「ヤクザ者どうしの話だ。勘違いでした、すみません――で済む話じゃねえぞ。さあ、きっちり返事してもらおうか」

「……」

先ほどまでの勢いもどこへやら、Bは答える術もない。形勢は一挙に大逆転である。

「それからもうひとつ、オレが面倒見てる社長だってわかってるのに、『このヤロー』とはオレに対して言ってるのと同じじゃないのか？　オレが面倒見てるってわかってて、このテーブルに着いたんだろ。その人間に対して、事情も聞かないうちからいきなりこのヤローというのは、どういうつもりなんだ。うちに喧嘩売ってるのと同じことじゃないか。そう考えていいんだな⁉」

Aが迫るのに、Bが「とんでもない」とばかりに慌ててかぶりを振った。が、反論する言葉も出てこない。もうこうなると、完全にAのペースである。

「以上、三つの項目について性根を据えて答えてもらいたい。もうここだけの話じゃ済まない。悪いが、この問題は上にあげる。本部のほうにも通達して話をでかくさせてもらうぞ。これから本部を通した話をするから、そのつもりでいてもらおうか」

と言うなり、Aは席を立ってしまった。

さあ、これには驚き、顔色を失《な》くしてしまったのが、Bである。ケツを取りに来たつもりが、とんだ大失態で、ヘタしたら上部団体の直属の親分にまで迷惑をかけてしまう。

「ちょ、ちょっと待ってくださいよ、Aさん。話を……」

Bはすがりつくばかりに A に迫ったが、Aはいっさい聞く耳を持たなかった。月影も引き止めにかかったが、Aは、

「いや、月影さんには悪いけど、この場は一回、席を立たせてもらいますよ。あとで連絡入れます」

と言ってその場を引きあげた。後日、月影はAと会うと、月影のほうから、

「いやあ、Aさん、先日は失礼しました」

と笑いながら、Bたちとの一件を持ち出してきた。

「大丈夫ですか。あのあと、Bたちがずいぶんアセってましたよ。ヘマをやったって気がついたみたいで……」

「ご心配かけて申しわけない。あれは私のポーズでね、怒ったふりをしたんです。ああでもしないことには、彼ら、ちょっとわからなかったようだったから」

「やはりそうでしたか」

「月影さんなら、万事《ばんじ》お見通しだと思ってましたよ」

「じゃあ、もうあの件は……」

「ええ、まさかあんなつまらんことで喧嘩する気はさらさらありませんよ。まして、本部

なんかに上げたら、世間から笑われるでしょ。こっちの恥ですよ。同じ代紋ですからね。本部からだって、身内どうしで何やってるんだ、って怒られるのがオチですよ」

「じゃあ、本部の名を出して連中にブラフをかけたのも、ハナから連中へのお灸《きゅう》のつもりだったんですね」

「その通りですよ。あのままだったら、私が舐められておしまいでしょ。彼らも少しばかり行儀悪かったですからね。今後のことを考えたら、あのままで終わらすわけにはいかないので、ああいう形をとらせてもらいました。月影さんには失礼なことをしました。申しわけない」

Aは月影に対して頭を下げた。

「いいえ、とんでもない。私は何とも思っちゃいませんよ。たまたま両方を知っているというんで、セッティングしただけですから。だけどAさん、Bたちは、あなたが考えてる以上にこの問題、深刻に考えてますよ。本部にまで上げられるというんで、指まで詰めかねない雰囲気ですよ」

「あっ、そりゃまずいな。ちょっとお灸が効きすぎたかな」

「どうしますかAさん、この一件の結末は？　どうケリをつけるんですか？」

月影は、お手並《てなみ》拝見といった顔でAに訊ねた。

「そうですね。じゃあ、月影さん、申しわけないですが、もう一回、私らの間を取り持ってもらえますか。恐縮ですが、また、席を作ってください。そのときにむこうからひとこと、詫びてもらえれば、それでもうけっこうですから。指なんか詰められたら話がややこしくなる。その前に、何とかお願いできますでしょうか」

「わかりました。お安いご用ですよ」

月影がニッコリと請けあった。これにて一件落着というわけである。このあとでAは、ひとこと正直にこうつけ加えるのも忘れなかった。

「でも、月影さん、女の子への未払いの給料、あの程度の金額で助かったですわ。あれ以上大きかったら、私はあの場面で出せなかったですよ。そしたら、あんなタンカも切れなかったろうし、局面もまた変わっていたかもしれませんね」

有利な交渉では多弁と焦《あせ》りは禁物

月影も、Aの交渉術には甚だ感心したが、考えてみたら、自分が実践していることもA組長のそれと似たようなものだった。どう見たって相手側に分があってこっちに不利な交渉ごとのときは、ダンマリを決めこんで相手に徹底的に喋らせるのだ。

そのなかから話の矛盾点やつじつまの合わないことがないかを探るべく、ジッと耳を傾ける。相手は有利に立っていれば立っているほど、心の余裕から油断もあって、往々にしてポカをやるものなのだ。

それでも、なかなかボロを出さないときには、不用意な発言を引き出すためにわざと誘導尋問めいた挑発的なことを言ってみたりする。

あるいは、のらりくらりとした態度でジラすこともある。しだいに相手は当初の冷静さを失い、頭に血が昇ってくる。そうすると、つい言わなくてもいいことを口走ってしまうのだ。

「あんた、ちゃんと聞いてるのかい?」

「ええ、聞いてますよ」

「じゃあ、この一件、そっちは確かに了解したと受けとっていいんだね」

「えっ、何のことでしたっけ?」

「――ふざけてるのか、あんた……」

「いやあ、ちょっと聞き漏《も》らしたもんでね。もう一度お願いしますよ」

「月影さん、舐めてんのか⁉　うちは月影組だろうとX会だろうと容赦しませんよ」

ここで、とうとう相手はポロッとやってしまった。

「いま、何て言いました？」

その失言を月影は聞き逃さず、ここぞとばかりに噛《か》みつくのだ。

「……あん？」

「いま、何て言ったって聞いてるんだ！」

態度もさっきまでとはガラッと変わる。

「何のことだ⁉」

「月影組だろうと、X会だろうと——って言ったろ。この一件、X会と何の関係があるんだ⁉」

X会というのは、月影組の上部団体である。

「うっ……」

相手は思わず〈しまった！〉と気づくが、あとの祭りである。

「上等じゃねえか！　今度の一件、確かにうちが悪い。それは、そっちの言う通りの解決金《おとしまえ》も出そうじゃないか。何なら、いますぐ払ってやってもいい。だが、それとこれとはまったく別の問題だ。うちの本部を貶《おとし》められるようなことを言われたんじゃ、オレも黙っちゃいられない。絶対許せねえ！　これは、そっちの上のほうに話をもっていって、ケツを取ってもらうぞ！」

「な、な、何を言ってるんだ、あんた。待ってくれ。それはおかしいだろ」

「何がおかしいんだ⁉　あんた、いま言ったろ。X会でも容赦しねえ、って」

「それは言葉の弾《はず》みってもんだろ。オレはそんなつもりで言ったんじゃねえよ」

「ヤクザにそんな話が通用するか！　吐いたツバは呑めねえんだ」

たちまち形勢は逆転である。けじめを取りに来られたはずの交渉が、いつのまにか、けじめを取る側と化しているのだ。

そうした自分の経験を踏まえて、こちらに分のある交渉のときは、多言は必要あらず、余計なことはいっさい喋らない、なおかつ焦《あせ》らない——ということを肝《きも》に銘じているのが、月影であった。

十二 思考の瞬発力!! 臨機応変に対応せよ

総長のハグに激怒

その光景を見たとき、神林《かんばやし》組組長神林辰一郎《たついちろう》（仮名。以下この章の登場人物はすべて仮名）は思わず我が目を疑わずにはいられなかった。

自分の親分――名門Ｃ一家の錦織桜《にしきおりさくら》右衛門《えもん》総長が、いま出てきたばかりのビルの前で、見知らぬ男とニコニコしながらハグしているではないか。親密な者どうしがたがいに肩を抱きあうようにして交わすアメリカ流の挨拶――あのハグである。

総長がハグしている相手はと見れば、神林と同じ歳くらいの四〇そこそこと思しき人物であった。その側《そば》では、いままでビル三階の料亭で酒食を共にしていた達木《たつき》組組長の達木竜之助《りゅうのすけ》が、ニッコリとこの様子を見守っている。

錦織と達木は関東の広域組織Ａ会に属し、兄・舎弟の間柄にあった。

神林もいままで二時間ほど、錦織総長のお伴で、叔父貴《おじき》分にあたる達木組長、カタギの社長との四人で、その料亭で食事をしていたのだ。錦織総長は終始、ご機嫌で酒もけっこう進んでいた。

食事を終え、神林が先に店を出て、すぐ近くで待機していた総長の車の運転手に声をかけ、車を料亭が入っているビルの前へと付けさせた。

「総長は、今夜はもうまっすぐ家に帰るからな。頼むぞ」

と運転手に言い、ふっとビルのほうを振り返ったとき、その挨拶《ハグ》を目にしてしまったのだ。

どうやら総長一行が三階から降りてきて、外へ出るや否《いな》やバッタリ、その人物と出くわしたらしい。総長と旧知の間柄だったのか、それとも舎弟の達木の知りあいで彼から紹介されたものなのか、定かではなかったが、神林には強い違和感が残った。某地方都市のネオン街で、まだ宵の口とあって人通りも多かった。

やがて総長が乗った車を見送り、達木とも別れて、神林も自分の車に乗り込んだ。が、どうにも釈然としない思いが消えず、神林は達木にケータイで連絡を取った。

「叔父貴、さっき、うちの総長とハグしてたのがいましたけど、あれは何者ですか?」

「ああ、あれはここいらを地盤にしている売り出し中の男でね、B会の台風《たいふう》一家に所属する風雲《かざくも》組組長の風雲松五郎《まつごろう》というんだ。ビルの前でバッタリ出くわしたから、オレが総長に紹介しようと思ったら、総長のほうも面識があったんだな」

「じゃあ、カタギじゃなくてヤクザ者なんですね」

「ん?　そうだよ。若いころはジョニー風雲という稼業名で渡世を張っていたこともあるくらいで、こっちでヤクザやる前、アメリカでの暮らしも長いんだ。むこうでマフィアと五分《ごぶ》に渡りあってたっていう話だな。英語もペラペラだ。確か歳も神林組長と同じぐらいのはずだよ」

「いえ、それはいいんですけどね。カタギじゃなくてれっきとしたヤクザというなら、うちの親父とその風雲という人の立場の違いははっきりしてるわけでしょ。いくらアメリカナイズされてるかどうか知らないけど、ハグっていうのはおかしいでしょ、あの挨拶は。自分らはアメリカのマフィアじゃないんですからね。日本のヤクザですよ。私にはどうもうちの親父に対して、むこうから先にあの挨拶をしたように見えたんですけど、どうなんですかね？」

「どっちから先にあの挨拶をしたかって？　うーむ、待てよ……オレも酔ってたからなあ……あまりよく覚えてないんだ」

「……」

神林は、

〈ダメだな、この叔父貴に聞いても〉

とあきらめるしかなかった。ケータイを切ると、今度は自分の運転手をつとめる神林組

組員に、

「おい、おまえは見なかったか。さっきの総長の挨拶《ハグ》？」

と聞くと、

「いえ、自分は神林《オヤジ》のことしか見てなかったので、気がつきませんでした」

と言う。そこでその夜遅く、酒席にこそ出なかったが、それ以外はずっと総長に付いていた総長秘書にも電話して聞いてみた。総長秘書の答えは、

「はあ、あのハグですか？　私もはっきりしないんですが、そう言われてみれば、むこうから先に、あの挨拶をしてきたような気がしますね」

というものだった。もう一人、総長の車を運転していた組員にも、電話で同じ質問をすると、

「私も、むこうが先のように見えましたね」

との答えが返ってきたところで、神林は自信を持った。

〈やっぱりヤツのほうから、あのハグをしてきたんだ。アメリカかぶれした、とんでもねえ無礼者だな。礼儀を知らないとんだ身の程《ほど》知らずだ。こいつはきっちり、とっちめてやらなきゃいかんな〉

と決めて、翌日、さっそく実行に移した。

筋の通った相手に攻められたら、どうするか？

神林は午前中に、風雲松五郎の所属する台風一家本部に電話して、風雲と連絡が取れるように手配した。すると、まもなくして神林のケータイに風雲から電話が入ったのだ。

「私は風雲と申しますが、神林組長ですか？」

「そうです」

「私に何か……」

「いや、ほかでもない、夕べの件なんですが」

「はあ……」

「うちの総長とおたくは夕べ、ハグというんですか、アメリカ式の挨拶を交わしてましたよね。私も見てましたが、まわりに聞くと、あれはあなたのほうから先にやられたそうですね。私はどうにも納得がいきませんよ。マフィアならいざ知らず——いや、仮にマフィアであっても立場の違いというものがあるはずで、ハグをやるにしたって、立場の上のほうからやるならともかく、下のほうの者が先にすることじゃないでしょ。

ましてや日本のヤクザなら言語道断《ごんごどうだん》、非礼もいいところですよ。いや、ヤクザ云々という以前の礼儀の問題じゃないかな。カタギさんだって、いくら酒が入ってる時間とはいえ、目下の者が上の者に向かってあんな態度を取ったら、とんだ礼儀知らずってことになるんじゃないですか。おたくとうちの親父がどれほどの仲か知らないけど、親しき仲にも礼儀ありって言葉がカタギの社会にもあるくらいだ。それが、われわれの世界となったら、半端なうるささじゃない。このあたり、どう考えているのかな？」

けっしてがなりたてるでもなく、まくしたてるでもなく、神林はあくまでも淡々《たんたん》と嚙《か》んで含めるように話した。

さあ、どう出る――という気持ちで相手の返事を待っていると、風雲は、

「何を言ってるんですか、神林さん。あれは、錦織総長が先にやってくれたことなんですよ」

と毅然と言い放ち、さも心外というふうにこう続けた。

「そりゃ確かにあなたのおっしゃる通り、私ごときが錦織総長のような立場のかたとハグだなんてとんでもない話だ。いくら何でも私もそこまでバカじゃないし、非常識な人間じゃないですよ。ましてあの時間、私は酒は一滴も入れてません。けど、私が夕べ総長とお

会いして、まず最初に深々と頭を下げてご挨拶したところ、頭を上げたときには、私の肩が総長の腕にガッシリ摑まえられてたんですよ。あっというまでした。錦織総長ほどのお人が、私ごとき者に対して、そこまで親愛の情を示してくれる。それを振り払うなんてことができると思いますか。そんな失礼なことはないでしょ」

「……」

「神林組長、私にそこまで言うなら、夕べの場面見てたんでしょ」

「ええ、見てましたよ」

「それじゃ言いますけど、私は総長にハグされましたが、だからといって調子に乗って総長の躰《からだ》を手でポンポンとやるような真似は、いっさいしてませんよ。私の手はいっさい総長の躰を触ってません。総長になされるままの態勢を取ってました。そりゃ、ありがたくも光栄なことでね。いくらハグを受けることじたいが無礼だと言われても、錦織総長の手を振り払うような真似はそれ以上に失礼なことでね。とても私にはできませんでした」

神林は風雲の話を聞いているうちに、自分のなかにあった絶大なる自信が少しずつ揺らぎだしていくのを感じていた。どう考えても風雲の言うことは正しかった。

〈こりゃヤバいな。この男、ハグするような輩だから、てっきりうわっついた軽薄な男か

と思ってたら、ぜんぜん違うじゃないか。まあいい。もう少し喋らせてみよう。そのうちに何かきっとボロを出すはずだ〉

などと思いながら、神林が適当に相槌《あいづち》を打つと、

「そりゃ、神林組長がそこまで言うのもわかりますよ。総長に長いこと仕えてる若い衆さんとすれば、そういう気持ちになるのは当然でしょ。総長とハグなんかしてるよその若いヤツ見れば、何だということにもなるでしょ。でも、正味、いま言った通りの話ですよ」

と、神林が思うようなボロを出さないばかりか、こっちを持ちあげてさえくれるのだからなかなかのものだった。そのうえで、いよいよ核心に斬り込んでくるのだ。

「けど、神林組長。そんなことでこんな早い時間からうちの本部にまで電話をくれて、私と連絡を取ろうとしたわけなんですね。私は、神林組長の名前こそ以前から存じあげてましたが、お話をしたこともないし、お会いしたこともないですよ。ということは、結局、私に何を言いたいんですか？　つまり、因縁《アヤ》をつけてきてるんですか？」

ズバッと突いてきた。神林とすれば、

〈あっ、こりゃまずい！　しまった！〉

と思うしかない展開で、最後は相手を追い込むつもりが、逆に追い込まれてしまう形に

なった。何しろ、誰が聞いても、言っていることはすべて相手のほうに道理があるし、筋が通っていた。

「アヤをつけてきてるんですか？」

と言われてもしかたのない話だった。

〈さあ、どうする？〉

神林は、逃げ場のない絶体絶命のピンチに立たされていた。

瞬時の判断で危機を逃れる

仮にいまの話のなかで、風雲組長が、

「ハグが悪いというのなら、先にそんな挨拶をしてきた総長のほうに非があるということになるんじゃないですか。だいぶお酔いになってましたよ」

と、でも口をすべらしてくれたら、

「何を！　このヤロー、よくもうちの親父を侮辱してくれたな！　絶対許さんぞ！」

と、とことん攻めたてることができるのだが、もとより風雲はそんなことはおくびにも出さないばかりか、

「いや、じつは以前お会いしたとき、私が若いころにアメリカで暮らしてたというのを総長は知ってらして、いろいろ訊かれたものだから、私もアメリカの話をしたことがあったんですよ。何でも総長のご子息がアメリカの大学を出て、そのままむこうで仕事しているとかで、興味があったようです。そのとき、ハグ云々という話になって、総長が、じゃあ今度会ったらハグで挨拶しようかなんて冗談を言ってたんですよ。だから、夕べもきっと総長に、その記憶があったのかもしれません」

と逆に、錦織総長のヤクザらしからぬ行為《ハグ》をカバーし、正当化づけてくれてさえいるのだ。精一杯総長を立ててくれ、敬愛の念を持っていてくれることも充分に伝わってきた。

神林とすれば、先手を打たれ、すべて杭《くい》を打たれてしまっていた。文句のつけようがなかった。

が、神林もすでに短筒《たんづつ》の引き金を引いてしまったあとで、いまさらどうしようもなかった。吐いたツバは呑めないのだ。むろん、

「いや、こっちのとんだ勘違いだった。悪い、悪い」

と詫びれば済むことで、そうしたところでけっして安目を売ったことにはならないだろうとの認識はあった。だが、神林にとって、それは男としての矜持《きょうじ》が許さなかった。

〈こいつはやっかいなことになった。さあて、どうしたものかな？　ここをどうやって切り抜けようか……〉

困った事態に追い込まれたのは確かで、神林は思わず、ケータイに割り込み電話が入ったことにして、

「あっ、いまちょうどキャッチが入ったもので……すぐにまた、こちらからかけ直しますから」

と時間稼ぎをして対策を練ることも考えたが、それも何だか相手を有利にするだけで、いい結果になるとは思えなかった。

〈さあ、どうするか？〉

と考えて、神林は即座に肚を括り、答えを出した。その間、わずか数秒という時間にすぎなかった。

それは当然のことで、相手とケータイでやりとりしているのに、一分も二分も考え込んでいるわけにはいかなかった。神林はガラッと声のトーンを変えた。

「いやあ、風雲さん、あんた、すごいよ！」

「えっ？」

何のことかと聞き耳を立てる風雲。

「私もうちの錦織に付いて二十数年になるけど、自分より目下の人間に、ハグなんて、あんな親愛のこもった挨拶するのを初めて見ましたよ。いやあ、こんなこと、あとにも先にも初めてじゃないかな。ハグどころか、いまだかつて自分から先に手を出して握手さえしたことのない人間ですよ、うちの錦織は。それだけあなたが好きで、あなたを認めてるってことなんですね。たいしたもんだ。驚きましたよ」

驚いているのは、電話のむこうの相手であろう。神林は一気呵成《いっきかせい》に喋って、これ以上ないくらい相手を持ちあげているわけだが、

「私にアヤをつけてきてるんですか？」

との答えにはなっていなかった。さらに相手に口をさしはさむ余地も与えず、神林はこう続けた。

「でも、よかったじゃないですか。これからも頑張ってください。たがいに練磨しあいましょ。じゃあ、これで失礼しますよ」

と言って、電話を切ってしまったのだった。

正論に正論で立ち向かう愚《ぐ》

相手の風雲にすれば、いくらさんざん持ちあげられて悪い気はしていないとはいえ、考えようによってはずいぶん人を食った話に違いない。

神林は待った。これでケータイが鳴るかどうか、ひとつの賭《か》けであった。もし、相手が納得せず、折り返し電話をかけてきた場合のことも想定してあった。

「いま、電話を切ったんですか?」

と相手が言ってきたら、

「ええ、切りましたよ。話は済みましたから」

と答えるのだ。それに対して、

「そっちから連絡を取ってきて、それはないんじゃないか」

とでも突っかかってきたら、もうこっちのものだった。

「だから、あんたはたいしたもんだって言ったはずだがな。それとも、それが気に入らないと、私にアヤをつけるんですか」

と逆に揚げ足を取り、万事神林のペースで話を進めていく自信があった。そうした交渉ごと――掛けあいは、神林の得意とするところだった。

神林はしばらく待った。が、とうとう風雲から電話はかかってこなかった。

〈要するに風雲という男、大人なんだな。あれはきっと伸びる男だな〉

とは、危うい場面を切り抜けた神林の正直な感想であった。

いっぽう、風雲はそのころどう思っていたかといえば——。

〈こりゃ、いっぱい食わされた。やられたな。けど、ああいう場面で瞬時にああいう反応ができる、ああいうふうに切り返せるんだから、さすがだよ。神林という男、噂に違《たが》わぬやり手だな〉

と、いっそさばさばとして相手の交渉術に感心さえしていた。この話の教訓は、交渉ごとで大事なことは正論に対しては正論で戦おうとしてはならないということであろうか。

正論に対しては、まったく別の発想、別の切り口から物申さなければ、ひとつのクレームに対して、それを切り抜けることはできないということだ。たとえば、この神林組長の場合、風雲組長から、

「アヤつけてるんですか?」

と問われて、

「いや、つけてませんよ」

などと答えていれば、もうその時点で負けがきまったようなものだ。相手の土俵に上がり、話の流れに乗ってしまったわけで、もうあとは相手のペースで進み、もはや勝ち目はあるまい。

何しろ、誰が聞いても道理は風雲組長のほうにあり、神林組長の言い分は風雲組長の言うように因縁をつけていると言われてもしかたのない話だったからだ。そこで、

「アヤをつけてるんですか？」

という逆クレームを切り抜けるために神林組長が実行したことは、まったく別次元の話——相手を目一杯持ちあげる話にギア転換したうえで、煙に巻くというやりかただった。

しかも、思考の瞬発力とでもいった瞬時の対応で、臨機応変にやってのけたのは見事というしかあるまい。

正当なクレームに対して、謝らずに済ます方法として、こんな切り抜けかたもあるということであろうが、誰にでも真似ができるというわけにはいくまい。

十二

謝罪方法、口調で支払いは高くも安くもなる

古本屋で見つけた大物右翼・署名入りの本

都内の駅前の古本屋で、何げなく手にした本の扉を開いたとき、Y組長は小躍りして喜んだ。

それは日本の黒幕とも政財界のフィクサーとも称された大物右翼の著書で、著者自身による某有名企業T社のM専務に宛《あ》てた達筆の為書《ためがき》が書き込まれてあった。その大物右翼がM専務に献上したものであるのは一目瞭然であった。びっくりするほど安い値段がついていた。

〈こいつはシメた！　それにしたって、二束三文の値がついてるな。ひどい話だ。おおかたM専務が死んで、何も知らない遺族が蔵書を処分したんだろうな。まあ、そんなことはどうでもいいが、こいつはカネになるぞ！〉

と直感が働いたY組長、即《そく》その本を購入するや、喜び勇んで有名企業のT社へ乗り込んでいった。

このY組長、〔ヤクザ渡世を張るいっぽうで、右翼団体を主宰、俗にいう二足のワラジを履いていたのだ。とはいえ、その大物右翼系列というわけでもなく、一匹狼として独自の右翼活動を展開していた。Y組長はT社の総務部に乗り込むや、その本を差し出してさっそく息巻いた。

「これは、いったいどういうことですか。自分たちが心より尊敬する○○先生が、こちらの専務に献本された著書ですよ。それがよりによって、場末の古本屋に置いてあった。私もそれを見たときは、思わず自分の目を疑ってしまいましたよ。これは手違いで済む問題じゃないと思いますよ。それとも何ですか、右翼の○○の書いた本なんか、本棚に置いておくのも邪魔だから、古本屋へ売っ払って当然ということですかな」

Y組長の口上に、総務の責任者が慌ててかぶりを振る。

「滅相《めっそう》もありません。私ども、○○先生にはどれだけお世話になったことか。心から感謝いたしております。私どもの専務が亡くなって、その遺品を整理した遺族の者の手違いから、このような事態になったものと思われます。誠に申しわけありませんでした」

ひたすら平身低頭する相手に、Y組長はなおも攻めたてる。

「だいたい、これだけの先生の書物が古本の安売り市場に出まわることじたい、あなたたちはあまりにも責任というものがなさすぎる。恩ある人から頂いたものを管理することも企業のつとめではないんですか。じゃあ、仮にこれが天皇陛下から頂いた賜杯《しはい》だったらどうするんです？　大事なものに変わりないでしょ」

よく考えたら余計なひとことまで付け加えて追及しているのだが、攻めたてられている
ほうはそれどころではないから、気がつかない。明らかに、自分たちの立場が悪いのはわかりきっているだけに、「はい、はい」「お説《せつ》、ごもっともです」と聞くしかない。

少し肚のすわった企業人なら、その揚げ足を取ってこう切り返すことも可能なのだ。

「いま天皇陛下とおっしゃいましたが、〇〇先生のご著書と天皇陛下の賜杯とを同列に論じるというのは、いかがなものでございましょうか。私どもにはずいぶん問題発言のようにも聞こえますが……。私どもも〇〇先生にお世話になったほどですから、右翼のかたとは知らない仲ではありません。ひとつこのことを皆さんにも聞いてみようかと思います」

もっとも、こんなことを言えば、

「何をこのヤロー！　オレを脅す気か⁉」

と事態は最悪になるかもしれないが、さすがにそんなことを言える者はなく、Y組長、万事計画通り、多大な戦果を挙げて交渉は終わった。

T社からの賛助金の引き出し——俗にいう口座付けに成功し、一回二〇万円で年四回八〇万円、それが一〇年以上も続いて、およそ一〇〇〇万円にもなろうかという金額にふくれあがったのだ。一冊五〇〇円くらいの古本が一〇〇〇万円を生みだす打ち出の小槌《こづち》に変

わったのだから、凄いとしか言いようがない。もっとも、いまはもうこんなケースはあり得ぬことで、商法改正以前の昔話には違いない。

「総会屋だろうと、エセ右翼だろうと、企業がカネを出してた時代があったからね」

Y組長、苦笑しながらこう振り返った。

「でも、逆の立場だったら、そんなクレーム、切り抜けるのは簡単でね。要するに亡くなった専務の遺族が、○○先生の何たるかも、その本の値うちもまったく知らない人間なんだから、そういう者が何も知らずに古本屋に引き取らせてしまったということであってね。それを押し通すしかない。そう言われりゃ、こっちもそれ以上、追及しようがない。そんなに高くつくことはないんですよ」

クレームに勝てる口舌《くぜつ》

もう一人、若い時分、同じようなケースがあったというのは、総会屋の経験もある都内の五〇代のH組長。

H組長の場合、古書店で見つけたのはY組長とは別の右翼の大物の著書で、献本相手は某有名百貨店Mのお偉いさんだった。知りあいがたまたまゾッキ本のコーナーで見つけて

H組長に持ってきたのだが、H組長もそれと知ったときには呆れ返ると同時に、欣喜雀《きんきじやく》躍《やく》してその百貨店の本社へ乗り込んだ。

その際、H組長はこんな口上を述べたという。

「おたくのお偉いさんが、○○先生から頂いた本が古本屋にありました。おたくにとって何より幸いだったのは他の誰でもない、それがこの私の目に留《と》まったということです。これが私でなく○○先生の門下の人たちに見つかっていたら、いまごろどうなっていたか。うちの先生が献本したものを、まさか天下のM百貨店のお偉いさんが生活に困ってなんてことはあり得ない。

どういういきさつでああいうところにあったのかわからないけど、いずれにしろ、うちの○○先生をないがしろにしてるのは間違いない。とんでもねえ話だ――ということになって、大変な事態になってたんじゃないですか。私で本当によかったですね。この本はさしあげますよ」

と言って、その本をポンと相手にプレゼントしてしまったというのだ。もとより「いくらで買え」などと恐喝になるようなことは、いっさい言わない。相手に値段をつけさせるやりかたを通したのだった。

結果、古本屋で二束三文で叩き売りされていた値段のン百倍（?）ぐらいになって返ってきたという。そして、このクレームの切り抜けかたを誰より知っているのも、H組長である。

「オレがM百貨店の総務担当なら、こう言って切り抜けるね」

と言って、H組長が述べてくれた口舌《くぜつ》はこうだった――。

「はあ、確かにこの本はうちの常務（仮に常務としよう）が○○先生から頂いたものです。常務が亡くなりまして、私どもの会社にも、○○先生を直に知る人がもういなくなってしまいました。それは私どもばかりでなく、世間全般にも言えることではないかと思っております。先生には大変お世話になりましたから、天下の○○先生、日本の戦後の黒幕とも言われる人の生きざまというものを一人でも多くのかたに知っていただかなくてはならない。それが自分たちの義務なのではないか、と。

そこで私どもといたしましては、常務亡きあと、どういうふうにこの本を処理するのがベストだろうかということをいろいろ考えました。まあ、先生の門下のかたがたがたくさんおられるので、そういう人たちにお返ししようか、あるいは献本させていただくこともいいのではないかとも考えました。

ですが、ここはやっぱり世に広める意味でも本屋さんに出して、そういうことに関心を持っているかたに買っていただくのが一番いいんじゃないかという結論に達したしだいです。そういう判断をいたしまして、古書店に出しました。それがおそらく出回ったものと思われます。

それをまた、こうやってH様に持ってきていただいたというのは、よほど○○先生が私どもの会社に愛着を持っておられたからということだと存じます。つきましては、おいくらでお求めになられたか存じあげませんので、あるいはH様にご損をおかけするかもわかりませんが、五万円で引き取らせていただきます」

——とまあ、こんな口上《ベシャリ》で切り抜けるというのだ。一〇〇円やそこらで仕入れてきた、ゾッキ本に対して五万円も払うのか——と言うなかれ。やっかいなクレーマーを、こんな口上と五万円で撃退できるのなら、これほど安いことはあるまい。

このあと十数年にわたって、累計一〇〇〇万円にもなろうかという金額を引っ張られることを考えたなら、たった一回、五万円のハシタ金《ガネ》で済むならバンバンザイであろう。

「要は、あと引いちゃダメということです。そういう対応をしたら、相手もそれ以上突っ込みようがないでしょ。『何を、このヤロー！　そんなハシタ金で済むと思ってるのか⁉』

などと言ってきたら、それは恐喝だし、何だやっぱり○○先生の名誉がどうのこうのじゃなく、カネの話じゃないか——と見透《みす》かされるだけのこと。相手が名誉とか面子とかプライド云々と言ってきたら、それを逆手《さかて》にとった対応が肝心なんだ。カネが目的じゃないんでしょ、と」

とは、H組長の弁だ。やはり、餅は餅屋のたとえもあるように、クレームの適切な処理のしかたを一番よく知っているのも、他ならぬクレーマー自身ということなのであろう。

謝罪をためらい、墓穴を掘った某銀行

ところで、このH組長、懲役二年の刑をつとめ終えて出てきたばかりだが、出所して早々、こんなことがあった。

出所の挨拶を兼ねていろんな知人に電話をかけたなかに、建設会社を営むK社長がいた。昔から何かとH組長の面倒を見てくれている支援者だった。三年ほど服役した前刑のときには、毎月五万円ずつ銀行に振り込んでくれたスポンサーでもあった。

「おお、お帰り。心配してたよ。どこに入ってるか、わからなくてね」

聞くと、K社長、弁護士を通してH組長の服役先の刑務所を探しもしたのだが、法務省

は個人情報保護法を盾《たて》に教えてくれなかったのだという。

「それはどうもご心配おかけしました」

「帰ったばかりで何かと入《い》り用だろう。少しだけど、送金するから足しにしてくれよ」

そんなK社長の心遣いが、H組長にはありがたくてならなかった。ところがK社長、H組長の銀行口座に振り込もうとしたところ、銀行から、

「該当する口座がありません」

と言われてしまう。これにはH組長も、

「えっ？　それはおかしいな」

と首を傾げた。服役前から某都市銀行に口座を持っていたのだが、出所してきたばかりで、通帳も印鑑も確かめてさえいなかった。

「まあ、どのみち口座も必要なんだし……」

とH組長、再発行のため銀行に赴くと、

「お客様の口座は、一昨年の何月何日に解約されております」

との返事が返ってきた。

「えっ、本人のオレがいないのに、解約とはどういうことなんだい？」

オレは、その日は刑務所に入ってるじゃないか——との言葉を呑み込んで、H組長、唖然として窓口の女子行員に訊ねた。

「当行は、普通預金の場合、印鑑と通帳があれば解約手続きができることになってます」

との返事に、

「そりゃお金を下《お》ろしに来たというならわかるよ。けど、下ろすのと解約とは違うだろ。解約ということなら、いちおう、本人かどうかを確認するのがふつうじゃないのかい?」

H組長、かつて数々の大企業を相手どって悉《ことごと》く勝利をものにしてきたクレーマーとしての性根がメラメラと燃えてきた。どうやら解約したのは、H組長の高校生の娘であることが判明したが、それで引き下がるわけにはいかなかった。

「本人のオレは、この通り五〇代の男だ。で、銀行に口座の解約に来たのは、どう見たって大人には見えない女の子じゃないか。明らかに本人じゃないとわかってるのに、解約に応じるというのはおかしくないか」

これに対して、銀行の若い女子行員が答えたのは、

「お預かりしている金額が高額じゃないものに関しては、印鑑と通帳があれば解約に応じ、高額なものは本人確認をさせてもらってます」

というもので、H組長なおさらカチンときた。

「じゃあ、おたくが言う高額っていうのはいくらなんだい?」

「一〇〇万円以上ということになっております」

確かにH組長の預金の残高は二六万円でしかなかった。

「フーン。だけど、二六万円が高額かそうじゃないというのは、その人間の生活レベルや何かに対してのいたって主観的なものじゃないのか。それとも何か、銀行法に一〇〇万円以上が高額である——とでも書いてあるのかい?」

H組長の攻勢に、女の子も参ってしまい、上司に助けを求めた。そこで出てきたのが、お局様《つぼね》——少し古株の女子行員だった。お局様はH組長に対して名刺も出さなかった。肩書きは「課長」という。

H組長がついムキになってしまったのは、そのお局様がいっこうに銀行側の非を認めず、謝ろうとさえしなかったことだ。それは翌日、応対に出てきた年配の担当者も同じで、H組長も意固地《いこじ》になった。

じつは翌日に再び銀行に赴く前、H組長は念のため、同じ銀行のよその支店で確認を取っていた。お客様相談室の課長を呼び出して、そのケースを訊ねたところ、

「解約の場合、いちおうは本人確認ぐらいはするんじゃないでしょうか」
との確認を得ていたのだ。H組長にすれば、銀行側の、
「申しわけありませんでした」
のひとことが欲しかった。それを言わないから、つい引き下がれなくなってしまったのだ。当時は出所祝をほうぼうからもらって懐《ふところ》が潤《うるお》ってもいたし、カネを引っ張ろうなどという気はさらさらなかった。

結局調べてみると、こういう場合、法律的には銀行側に監督責任があるのは間違いなかった。そのかわり、H組長のほうにも通帳や印鑑を管理する責任があり、民法上の過失ということになった。法律的な措置を取った場合、その過失相殺で銀行が預金の半分くらいを支払うということで落ち着きそうだった。

もとより預金高二六万円の半分の一三万円のために訴訟を起こし、裁判を行なうなどという煩《わずら》わしいことをする気は、H組長には毫《ごう》もなかった。

だからといって、銀行が謝罪しない限り、そのまま引き下がる気もまるでなかった。

「ほんのひとこと、それはこちらの手違いでした、ごめんなさい——と言ってれば済むものを、のちのち法的な問題になったときのことを考えて、ヤツらは絶対謝らないわけだな。

謝ればミスを認めたことになって、それを突かれると困った事態になるからだろうけど、でも、オレのような人間を相手にした場合、それがかえって高くつくということが、彼らにはわからないんだね」

とH組長、オレこそクレーマーの正統――と言わんばかりの顔になった。

十三 弁護士や法律に頼るのは、ときに逆効果

ヤクザのクレームとヤクザ記者の気骨

〝モンスター・ペアレント〟なる流行語も生まれたように、世に悪質なクレーマーの跋扈《ばっこ》が取り沙汰《ざた》されて久しい。

筋の通ったもっともなクレームならまだしも、ほとんど因縁、いちゃもん、言いがかり、難クセの類で、なかにはヤクザ顔負け、これが本当にまっとうなカタギの言うことか、というような性格のものも多いらしい。

昨今はヤクザ映画やVシネマの観すぎなのか、カタギの口から、

「この落とし前、どうつけてくれるんだ」

「吐いたツバ、呑まんようにしとけよ」

なるセリフも飛び出すというから、世も末だ。一億総ヤクザ化現象と言われてもしかたないだろう。

いやもとい、こう書くと、まるでヤクザというヤクザが因縁やいちゃもん、ゆすりたかりで暮らしているように聞こえてしまう。

それは確かに、ヤクザといってもカタギ同様、千差万別、玉石混淆《ぎょくせきこんこう》であるから、なかにはそういう手合いもいることだろう。クレーム――その実《じつ》、いちゃもんのネタを探して

脅し、ゆすりたかり、恐喝専門にシノギをしている者たち。

だが、それは任侠ヤクザからはほど遠く、むしろ〝暴力団〟と呼ぶにふさわしく、「ヤクザ顔負け」とか「一億総ヤクザ化現象」と言うなら、正確には「暴力団顔負け」「一億総暴力団化現象」と記すべきだろう。

まあ、それはともかく、どちらにしろふつうのカタギの感覚なら、暴力団のいちゃもんはもとより、ヤクザのクレームにしろできたらそういうものとは生涯関わりあいを持たずに生きていきたいもの——と考えるのは当然であろう。

ところが、ヤクザ専門誌の存在がある。全編これ、ヤクザ情報を満載した記事づくりから成る雑誌なのだから、知らない人からすれば、

「よりによって、人が極力避けて通ろうという裏社会のことを……まあ、何と怖いもの知らずのことよ」

「自ら、災いのタネを拾っているようなものではないか」

と驚くに違いない。何しろ、触らぬ神に祟《たた》りなし——の格言とは真逆のことをやっているのだから無理もない。さだめし、いちゃもんをつけてカネにするネタを探しているヤクザならぬ暴力団からすれば、

「何と、的のほうから飛び込んできやがった」

ってなことにもなるだろう。

何となれば、そういう手合いにかかれば、この世に言いがかりのネタにならないものはなく、トリモチと理屈は何にでも付くのだから。それでなくても、神ならぬ人間のやることと、間違いはつきものだ。

そういう意味でいえば、いまでこそヤクザ専門誌は珍しくはないが、この手の雑誌が初めて世に出たころ——三〇年近くも前になるだろうか、言わばパイオニアともなった編集者やライターたちは、そのクレーム処理にあたってどれほど苦労を強いられたことか。何せ、そのためのノウハウなど、何もあるわけもなかったろうから。

実際、当初は警察発表に従って書いた記事でも、

「このヤロー、うちの組の構成員が三〇人とは何事だ！　三〇人とは⁉　うちは、ざっと一五〇人はおるんだ！」

「おいこら、うちの組員が殴り込んで弾《はじ》いたのは銃弾三発じゃないぞ！　五発だ！」

といった調子のクレームもあったというから、たまったものではなかったろう。

「クレーム処理ということで言えば、一番肝心なことは、まず相手にガス抜きをさせると

いうことです。それこそ相手は怒りまくって言って来てるわけですから、ガーッと言いたいことを言わせなきゃダメということですよ。ヤクザの気風として、いったん胸にあること、腹にためたものを吐露《とろ》すれば気持ちが一段落するんです。それを相手に言うだけ言わせず、こっちが言いわけじみたことを言ったりすれば、かえって騒ぎが大きくなって収拾がつかなくなりますよ」

と言うのは、この道三〇年というベテランライターJ氏の弁だ。

ましてそのクレームが、明らかにこちらのミスであればなおさらのこと、まず先方の言うことを聞かなければ話にならないわけである。相手の言い分を聞いたうえで、それに合わせておいおい対処していく——というのが常道であろう。J氏がこう続ける。

「ヤクザ相手に、それだったら法律のうえで解決しましょうかとか、おたがいに出るところに出て白黒つけましょうよ——というのは通用しない世界です。こっちの言い分が聞かれないんだったら、こっちのやりたいようにやるし、気にくわないとなったらそうでないようにするまでのこと——彼らの結論はそれです。だからこっちに合わせろ、と。

それに、雑誌側にしたってヤクザをネタにして商売しておきながら、たまたま自分たちのミスでヤクザにきつい追い込みをかけられたからって、警察に駆け込んだり、法に訴えてどうのこうのというのは、あまりに身勝手というか、虫がよすぎる話で情けないでしょ。そんなことをしたんでは、よけい、こじれるばかりですよ」

ヤクザvs法律

J氏が関わった某誌も、草創期のころはやはり対応を間違えたケースがあって、こんなことがあったという――。

関西のA組の記事を扱った際、大きな事実誤認の記述をしてしまい、さっそく先方からクレームの電話が入った。

「このヤロー、いったいどういう了見でこんなデタラメを書くんや⁉ 責任者はすぐ来んかい！」

これには雑誌側も弁解しようもないミスとわかっていたから、ほとほと困って、

「こりゃライターであれ、担当者であれ、むこうに出向いていっても解決つかないだろ」

と結論を出し、弁護士を立てるという禁じ手を使ってしまったのだ。

この一件、J氏とは何の関係もなかったのだが、編集長からもっとも頼りにされるライターであったJ氏、

「Jさん、じつはこれこれこういうことがありまして、うちの顧問弁護士が先方に行って話をすることになったんですよ。ついては関西に詳しいJさんが、ひとつ水先案内といっては何ですが、オブザーバーとして弁護士につきあってやってくれませんか」

と編集長から頼まれるハメになった。

日ごろのつきあいもあったのでJ氏、これを引き受け、弁護士と同行することになった。関西の現地ホテルで落ちあい、A組事務所へ行く前に、二人は軽く打ちあわせを行なった。

「僕はあくまでオブザーバーで水先案内という立場ですから、先生、ひとつよろしくお願いします」

とJ氏が挨拶すると、その顧問弁護士、ヤクザを少しも恐れていないばかりか、高《たか》を括《くく》っているようだった。

「たかがヤクザのことじゃないですか。理詰めでいったら法に敵《かな》うわけありません。まあ、僕に任せてください」

と職権を誇示し、自信満々に胸を叩いた。だが、その鼻っ柱は、A組事務所に着いた途端に木《こ》っ端《ぱ》みじんに折られることになった。

「何やと⁉ 何で弁護士が出てくるんや⁉ こらあ、おまえんとこはいったいどういう了見なんや⁉ これがおまえんとこの返答いうわけやな！」

事務所へ入るなり、待ち構えていたA組幹部五、六人の剣幕といったらなかった。

「おまえんとこは、端からこんな弁護士を立てて対処するつもりなんやな。うちは今度の件に関して、おまえんとこの誠意のありかたを問うてるんや。弁護士を立ててくるとはどういうこっちゃねん！」

「おどりゃ、そっちがその気ならやな、うちも好きなようにするぞ！」

「話にならんわい。とっとと帰れ！ 責任者がかわりに来るのならいいが、さもないと、うちはうちなりの対処の仕方をするぞ！」

これには弁護士も最前とは打って変わって、口もきけないありさまで、すっかり顔を蒼ざめさせ、身体が震えだす始末だった。

弁護士を立てたことが逆に悶着のタネとなり、火に油を注ぐ結果となってしまったのである。見るに見かねてJ氏、

「ちょっと待ってください」

口をはさむと、A組幹部たちが今度はいっせいにJ氏のほうを見た。

「何や？」

「はい、自分らの姿勢がお気に背《そむ》くようなことがあったようですので、それなりのことをこちらとしても心得て、再度、対応の仕方というものを考えてみますんで、ちょっと時間をいただけませんでしょうか」

J氏の弁に、先頭に立って弁護士をガンガン攻めたてていた眉に傷のある幹部が、

「じゃあ何かい、今度はおまえのほうで責任を持ってするんかい？」

と訊ねた。

「はい、口をはさんだ限り、僕ができることは責任を持ってやりますから、ともかく明日、もう一度ということにしていただけませんか」

「いいやろ。そういうことなら、明日、おまえが一人で出直して来い」

こうしてJ氏と弁護士は引きあげ、ホテルで二人は話しあった。


弁護士は役に立たない⁉


弁護士はよほど恐ろしかったのだろう、まだ顔をひきつらせ、顔色も甚だ悪かった。

「こりゃカネを払うしかありませんよ。そうでなければ、話はつきそうにないですから

ね。そのへんのことを聞きだして、妥協点を見いだしてもらえませんか」

A組事務所へ行く前の威勢の良さはどこへやら、泣きそうな声でJ氏に訴えた。

「わかりました。ですけど、僕自身はクレームに対して裁量権があるわけじゃないし、僕の一存で何もかもとりはからうことはできませんよ。そのあたりをはっきりしておかないと、むこうもますます態度を硬化させてきますよ。たとえば、銭カネで解決を図るのであれば、なんぼぐらいまでなら用意するのか、あるいは銭カネのことはいっさい受けつけませんとか、そういう基本的なことだけははっきりしてください」

J氏が述べると、弁護士はもう懲《こ》り懲《ご》りだという顔で、

「二〇〇万や三〇〇万円は覚悟しなきゃならないんじゃないでしょうか。それくらいのカネで収まるんだったら安いもんです。それで話を運んでください」

と言ったから、J氏は内心で呆れ返った。

「たかがヤクザのこっちゃないか。法に敵うわけない」

と威張《いば》って言っていた、同じ人のセリフとはとても思えなかった。関西極道特有のカマシにすっかり怖気《おじけ》づいてしまっているのだった。

それに、こともなげに言う二〇〇万や三〇〇万というのは、当時のJ氏にすれば、ほと

んど年収に近いくらいの高額な金額であった。そこで、

「僕が引き受けるについては、少しばかり問題があるんですわ」

と、J氏はきちんと言うことにした。

「はあ?……」

「一度こういう例を作ってしまうと、当事者どうしの話で済まんことになりますよ。彼らのやり口というのは、必ず他の組織に伝播していきますよ。あそこを攻めたらカネになる、というふうになったら具合悪いんですわ。あくまでも雑誌側の基本姿勢は、誠意というものはそれなりにするけども、銭カネで解決というのは原則としていたしかねます——これを姿勢として示してもらわないと、具合悪いですよ」

本来ならライターのJ氏が述べるまでもなく、それは雑誌側が守らなければならない原理原則のはずであった。

だが、弁護士のほうは、J氏の正論をどこまで重く受けとめたのか、

「わかりました。では、そういうことを踏まえて、落としどころがカネということになったら、二、三〇〇万円ということで対応しましょう。それといま言われたことと抱きあわせで交渉してみてください」

と答えたが、その実、金銭以外に解決の道はないと思い込んでいる様子だった。腰砕けもいいところで、J氏も呆れるような意気地《いくじ》のなさであった。弁護士はそう言い置くと、逃げるようにしてさっさと東京へ帰っていった。

翌日、再びJ氏が一人でA組事務所へ赴くと、前日と違い、待っていたのは眉に傷のある幹部一人だけであった。

「来たか。弁護士はどうした？」

昨日と違って穏やかな口調であった。

「はい、昨日帰りました」

「逃げ帰ったか。あんなもん連れてくるから、話がややこしくなるんやないか」

「こちらのいたらぬことで、誠に申しわけありません」

「ところで、あんたはライターでも、この件とは何も関係ないそうやないか。フリーと聞いとるが、あの雑誌社に所属しとるわけでないのに、何で出てくるんや。何ぞ義理でもあるんかい」

「ええ、義理といえば、あそこに書いて食わしてもらってるのは確かですから、義理ということになるかもしれません」

「ふーん、せやけど、自分が書いたもんとは違う記事なのに、ガンガンやられたら、わりがあわんやろ。あんた、変わっとるな」

「はあ、そうですね」

前日と同じ調子でガンガンやられるものとばかり覚悟してきたJ氏、まるで様子が違うのに、拍子抜けする思いがした。

「で、今度の件はどうするんや。どない話をつけるいうんや」

眉傷男が本題に入った。

「はい、次号でそれなりのスペースを割《さ》いてお詫びと訂正文を出させてもらうつもりです。それとは別個に、今回の記事を新たに書き直したもんを出したいと思ってます。その際、きっちり事実に沿ったもんを書かせてもらうためにも、できたらお話をお聞かせ願いたいのですが……いかがでしょうか」

J氏の話を黙って聞いていた眉傷男、

「よし、わかった。それでええやろ。ええか、今回は雑誌は関係ない。あんたの誠意いうんか、あんたの心意気を認めるから、ワシらは収めることにしたんや」

と、あっさり承諾したのには、J氏も心底《しんそこ》びっくりした。昨日のことを考えたら信じられない話で、いったい何が起きたのだろうと自分の耳を疑わずにはいられなかった。

過去の〝勲章〟に救われる

眉傷男もそんなJ氏の胸中を察したように、

「ホンマなら、承知できんところや。あんなでたらめ書かれたうえ、話をつけるのに弁護士なんぞよこしくさってからに、どこまでワシらを舐めとるんやいう話や。とことんガッンとやるつもりでおったんやが、ひょんなことからあんたのことを知ってしもてなあ」

と言うや、「おーい」と隣りの部屋に声をかけて誰かを呼んだと思ったら、若い組員らしき男が出てきた。

「どや、見覚えがあるやろ」

眉傷男に促され、J氏がその若い男を注視すると、

「ああ、あのときの……」

すぐに思いあたった。

「B言います。その節は失礼しました」

Bがきまり悪げに挨拶した。BはかつてJ氏を攫《さら》いにかけた男だった。いきさつはこう

である――。

あるとき、J氏は関西のX組のことを、トップのX組長に取材して記事にしたことがあった。トップのゴーサインが出て、ほぼその意向に沿ったような形の記事づくりとなった。

ところが、これがX組の下部組織であるX組系Z組には甚だ不満で、J氏にZ組幹部からクレームが入った。

「何でおまえらがこんなことを書くんや。ワシの組がえらい粗末にされとるようになるやないか」

X組のトップクラスの人事に関する記事で、X組長本人の情報なのだから、これより確実なものはなかった。もとより、Z組幹部はそんなこととは露知らないので、記事を書いたJ氏を激しく突きあげた。

「このヤロー、ふざけるんやないぞ。いったい誰の情報でこんな記事を書いたんや。言わな、承知せんぞ！」

J氏が口を閉ざしたのは、情報源の秘匿というジャーナリストの原則を守るためという以上に、X組長を取材した際、側近から、

「Jさん、ニュースソースは秘密やで」

と念を押されたからだった。口を噤《つぐ》むJ氏に怒り狂ったZ組幹部、ついには舎弟二人を使ってJ氏を攫ったのだった。

その舎弟のうちの一人がBだったのだ。

身を捨ててこそ浮かぶ瀬もあれ

車に乗せられ、山の中へ連れていかれたJ氏、並のライターならここで小便漏《も》らして助けを乞《こ》うところだ。

Z組幹部は、舎弟二人に徹底的に痛めつけさせ、J氏を半殺しにしてでも、その口から、誰の情報であるかを吐き出させるつもりだった。

「いいか、構わんからやってまえ」

Z組幹部の命令に、Bももう一人の舎弟も、すっかりその気になっていた。車が人里離れた山中へ入ったところで、J氏ももはや覚悟を決めた。

「どうや？　喋る気になったか」

幹部が聞いても、J氏は答えない。

「よし、おどれ、どうにも喋らんのだな。なら観念せいよ」

幹部が最後通牒《つうちょう》ともいえる宣言をする。それに対しJ氏は、

「僕も妻子ある身ですから、何とぞ命だけは助けてください」

と命乞いこそするのだが、最後の最後まで幹部の要求には応えず、いまさらジタバタして助かろうという気はさらさらないようだった。

その態度はどう見ても、いまから半殺しにされようかというカタギの人間のそれではなかった。小便を漏らしてもいなければ、震えてもいない。泣いて助けを乞うわけでもなく、顔面蒼白といったふうでもない。むしろ覚悟を決め肚を括った男の顔だ。

Bは、さきほどからどうにも不思議でならず、盛んに首をひねっている。そんなBの様子に気づいて、兄貴分も、

「どうした、B?」

と訊いてきた。

「いや、兄貴、こいつはカタギでっしゃろ。これから半殺しにされようかっていうとき、こんな態度をとれるカタギなんかおりまへんで。おかしいですわ。こら何かありまっせ。もう一度、本部に確認とったほうがよろしいいんと違いますか」

Bの言葉に、兄貴分もじっと考え込んでいる。何やら思いあたるフシがあるようなのだ。

「よし、わかった。もう一度、上のほうに聞いてみるわ」

幹部は決断し、車を電話のできるところまで引き返させた。まだ携帯電話のなかったころの話だ。

そして上のほうと電話連絡を取ることで、その幹部はすべてを知ったのだった。記事の情報源がX組長であり、その意向に沿った記事であることも。J氏とX組長とは昵懇《じっこん》の間柄であることも。また、渡世怠慢なZ組長に対しX組長の覚えが甚だめでたくないことも。

J氏はただちに解放された。

「あんた、何で喋らんかったんや。ひとこと言えば、ひとつもこんな目にあわずに済んだことやないか」

幹部が呆れたように聞くと、

「はあ、情報源は秘すと、X組長サイドと約束したことですから」

とのJ氏の答えに、幹部は、

「あんた、ヤクザ顔負けの性根やな」

と唸った。それはBも同じ思いだった。

〈物書き風情《ふぜい》のカタギのヤツに、こんな骨のあるヤツもおったんやな……〉

それからしばらくして、Z組は案の定、自然消滅のように解散となり、Bは縁があって眉傷男のいるA組に拾われたというしだいであった。

眉傷男がJ氏に種明かしをしてくれた。

「で、昨日、たまたまこのBがここの事務所へ入るあんたの姿を垣間《かいま》見たというわけやな。それで、あんたと弁護士とがさんざんワシらにシバき倒されて帰ったあと、Bが、自分が以前に関わったいきさつを教えてくれたわけや」

「そうだったんですか……」

J氏は、昨日と違う眉傷男の激変ぶりの謎がすっかり解けた気がした。

「X組長は、うちのA親分の稼業違いの兄貴分でな、ワシも昔からかわいがられとるんや……」

眉傷男の笑顔は、怒った顔とは打って変わって愛嬌《あいきょう》があった。

この話の教訓は、クレーム処理で大事なことは、最初の対応を間違えたらなおさら問題はこじれて致命傷になりかねないということ。

もうひとつは、絶体絶命の危機的状況でも気骨と性根でもって肚を括れば、何とか道は開けるかもしれない、身を捨ててこそ浮かぶ瀬もある——ということであろうか。もっとも、これは誰にでもお勧めできるものではないが……。

十四 クレームをうまく通すケーススタディ

いかにうまくクレームを押し通すか

これはクレーム処理とは真逆――いかにうまくクレームを押し通すかというケーススタディである。

関東の大組織に所属するA組長は、都内で渡世を張って揺るがぬ地盤を築き、いまや押しも押されもせぬ実力派幹部として知られている。五〇歳を目前にして、その手腕・識見・実績は折紙付きだ。ヤクザ界の次代を担うホープであるのは間違いない。

そのA組長がいまだ駆け出し時分、二二歳のときの逸話をここで紹介したい。

二二歳といったら、ヤクザ社会ではまだチンピラ、いや、子ども同然と言っていいが、そのとき、A組長（むろん当時は組長でも何でもなく、Z一家に所属する一《いち》組員にすぎなかった）が、どんな仕事をしたか。

とても二二歳の子どもが成し得ないようなことをやってのけているのだ。そういう意味では、いまのA組長の片鱗《へんりん》がうかがえると言っていいが、それはいかにもA組長らしいプライドと男の意地とを通した見事な戦いぶりだった。

とはいっても、いわゆるヤクザの抗争事件ではなく、銃弾も飛ばなければ流血もない、ヤクザにおけるもうひとつの抗争――交渉・掛けあいという戦いの場においてである。

しかも、相手は名を聞いたらびっくりするような大企業で、本来なら当時のA組長のごときチンピラが、とうてい太刀打《たちう》ちできる相手ではなかった。その強大な相手に、A組長はたった一人でどう戦い、どんな所作を見せたのか。

まず、ありていに言えば、非は明らかに大企業のほうにあった。

だが、いくら非は相手にあり、その理不尽な仕打ちに対して、理の通った至極《しごく》もっともな抗議をしたとしても、それがたちどころに言いがかり、いちゃもんと見なされ、脅迫容疑等で逮捕されてしまいかねないのが、A組長たちヤクザという立場である。

正当なクレームでさえ、それを認めさせるには至難の業ということになってしまうのがヤクザ稼業の現実である。

ましてカネなど要求すれば恐喝。暴力を行使すれば相手の思うツボで、正当なものも正当でなくなってしまう。では、若き二二歳のA組長はどう打って出たか――。

本人に会わせろ！

発端は、A組長がふだんからかわいがっていたOという地元のカタギのトラック運転手から、

「Aさん、じつはこれこれこういうことがありまして……」

と相談を持ち込まれたことだった。

Oは前日の朝、仕事に出かけようとトラックに乗ったところで、忘れ物に気がついた。エンジンをかけたままトラックを自宅コーポ前に駐め、部屋に戻った。

忘れ物を持って再びトラックに乗ろうとして、Oはギョッとなった。荷台のところがへっこんで青い塗料が付着しているのだ。他の車にぶつけられたのは明らかだ。傷の位置から見ても、同じトラックの仕業《しわざ》と推測できたので、

〈工事に来てるトラックだな〉

とすぐに気づいたOは、目と鼻の先の工事現場へ行き、そこのガードマンに、

「いま、ここにトラック入っただろ。どうもオレの車がぶつけられたようなんだが……」

と、訊ねた。すると、たまたまそこにいた人間が、

「ああ、そこに置いてあるトラックのことか」

と言うので、

「そうですよ」

とOが答えると、

「オレの同僚がぶつけたみたいだよ。ゼニが欲しいのか」

のっけからのその台詞に、Oは呆れ返った。

「ゼニが欲しいのかって、あんた、その前に謝罪するなり、何か言うことあるでしょ」

相手はOの抗議を意にも介さず、

「謝罪したって弁償しなきゃならないんだから、結局、カネじゃないか」

とうそぶき、Oのトラックに近づいてぶつけた跡を見ていたかと思いきや、

「たいしたことないじゃないか。こんなのすぐ直るよ」

と、自分の財布から五万円を取りだし、Oに向かってそれを放り投げてきた。これには
Oも怒り心頭に発し、

「冗談じゃない！　そんなカネ拾えるか。本人に会わせてくれ！」

と強く抗議すると、逆に、

「ふざけるな！　このヤロー！」

居直られる始末で、すったもんだしているうちに、

「何だ、何だ。どうした？」

工事現場の仲間が大勢やってきた。むろんみんなが相手の味方で、事情を聞くや、

「バカヤロ！　舐めんじゃないぞ！」

「上等だ！　文句あるのか！」

といった調子で寄ってたかってOを口汚なく罵《ののし》りだした。工事現場の建築作業員というより、ゴロツキ集団さながらのありさまだった。多勢に無勢でどうしようもなく、Oはその場を引かざるを得なかった。

OがA組長に相談したのは、そういう事の顚末《てんまつ》だった。A組長は話を聞くなり、

「そいつはひどい話だな。けしからん！」

と義憤の声をあげた。

A組長の地元での出来事であり、その工事を請け負っているのが、日本でもトップクラスの大手建設会社X社であったから、なおさら怒りも大きかった。

カネで済むと思ったら大間違い

A組長はさっそく工事現場へと乗り込んだ。現場担当のX社の者に会い、地元のOというトラック運転手が、当工事現場の業者からどんな仕打ちを受けたか、冷静に縷々《るる》述べ、

「天下のX社ともあろう会社が、あんなゴロツキのような業者を出入りさせているという

のは問題じゃないのか」

と抗議すると、相手も事の重大さがわかったと見え、

「わかりました。すぐに調べますから」

と答えた。

それからまもなくして、その業者の元請け会社のB専務から、

「Aさんに会いたい」

との連絡が入り、二人は地元ホテルのロビーで会い、話しあいを持った。A組長に会うなり、B専務は相手のあまりの若さに驚いたようだった。と同時に、

「ずいぶん若いねえ。若いとは聞いてたけど……」

といった調子の喋りかたで、明らかにA組長に対して子どもと見て、上から見下しているのが見てとれた。であったからA組長にすれば、相手がいくら口先では、

「どうも、うちの下請けの業者が申しわけないことをしました」

と謝罪の言葉を述べても、とても納得できるものではなかった。おまけに、ムキ出しの二〇〇万円を差し出してきて、

「これで、なかったことにしてください」

との台詞。トラックの連中みたいに放り投げてこそこなかったとはいえ、その態度には、どうせこれが目的なんだろう、と高を括っている様子が見え見えであった。

A組長は、

「おたくね、そりゃ失礼だろ。子どもだと思って見くびってもらっちゃ困るよ」

と、それを突き返した。本音を言えば、当時のA組長にとって、それはノドから手が出るほど欲しかった。何しろ珈琲代にも事欠くありさまで、そんな大金は目にしたことさえなかった。A組長がカネを受け取らないのに、

「えっ?」

とB専務、意外そうな顔になった。

「カネで済むんだろ、と思っちゃ大間違いですよ。だいたい、おたくには誠意ってものがまるで感じられない。謝罪に来たんじゃないのか」

「はい、そうですが」

「まるで謝罪してる態度じゃないだろが」

翌日、A組長は再び工事現場へ抗議に出かけた。その日のうちに上の者が謝罪のためにA組長のもとへ訪ねてきたが、B専務と似たり寄ったりの態度で、話にならなかった。

次の日、三度《みたび》工事現場へ抗議に赴くと、今度は現場監督が応対に出てきた。A組長が要求したのは、

「あのゴロツキのような業者をクビにしろ。いや、ここの現場だけじゃない。X社のすべての現場で出入り禁止にしろ。そうでない限り、Oは納得しない」

ということだった。だが相手は、

「いや、それはちょっと私の一存では……」

云々と答え、A組長がいくら追及してもいっこうにラチが明かなかった。

「わかった。じゃあ、そういうことなら、こっちもしかるべき手を打つから」

A組長は捨て台詞を残して引きあげた。


目的は何ですか？


Aはただちに行動を起こした。

まず行なったのは、地元の住民たちの間を回ってX社の横暴を訴え、建設工事反対の署名を集めることだった。

当のOをはじめ舎弟や仲間と共に手分けして回ると、たちどころにおよそ三〇〇人の署

名が集まった。

A組長の所属するZ一家は地域密着型の名門で、ふだんから地域住民をいじめるようなことはなく、むしろ大事にしていたから、一家の評判は悪くなかった。若いAにしろ、地元との関係は良好で知りあいも多かったのだ。

その三〇〇人の工事反対の署名を区役所に提出すると同時に、Aは件《くだん》の工事現場に街宣車を繰り出し、マイクを使ってX社の非を大々的《だいだい》に訴えた。

この署名運動と街宣が効を奏《そう》したのか、ついに工事はストップせざるを得なくなった。それが三日間続いたとき、音《ね》をあげたX社からA組長に、会いたい旨の連絡が入り、とうとう現場の長であるX社の所長が出てきた。

「いやあ、Aさん、申しわけありませんでした。あの出入り業者はクビにしましたから」

と所長。

「それはここの現場だけじゃなく、X社としてあそこを切ったということですね」

Aの追及に、

「ええ、そうしました」

所長ははっきりと答えた。

かくて天下のX社が二二歳のAの要求を呑み、全面降伏した形になったのである。そのうえで所長は礼を失《しっ》しない態度で、A組長に、

「これを収めてください」

と三〇〇万円を差し出してきた。並の者ならこれで万々歳、内心でやったと快哉《かいさい》を叫んで、それを懐《ふところ》に収めて一件落着とするところだ。ところが、A組長はその金も受け取らなかった。

「えっ?」

所長は困ったような顔になって、

「私ができるのはここまでですよ。これ以上となると、本社決済をしなきゃなりません」

と、Aに申し出た。

「いや、あなたの顔は立てますよ。どうぞ工事を再開してください。私は街宣から手を引きますし、役所のほうにも話をしますから」

「それじゃなぜ……」

「私はおカネが欲しいのではなく、X社の社長に会いたいのです」

「えっ?」

「私はとにかく近々、直に本社に行って社長に会おうと思ってます。その旨だけは、あなたの口から社長に伝えといてもらえませんか。門前払いされても困るんでね」

　A組長の言い草に、所長はさぞかし震えあがり、

〈何て恐ろしい小僧なんだろ〉

と思ったに違いない。正直言って、この手の連中は、所長にすればよほど御しやすい相手ばかりだった。

　なぜなら、何だかんだ言っても最終的には皆、カネが目的だからだ。三〇〇万円どころか一〇〇万円でも、こみあげてくる笑いを精一杯嚙《か》み殺して収めるヤツばかりなのだ。

　それをこの小僧は、いちいち言うことも筋が通ってるし、三〇〇万円も受け取ろうとしない。それどころか、社長に会わせてくれ、と来た。こんなヤツは初めてだ――と。

目先の利益を捨て、大きな利得を得よ

　いよいよA組長はX社本社へと乗り込んでいった。さすがに所長のほうから話は通っていたと見え、門前払いされることはなく、社長こそ出てこなかったが、何と専務が応対に出てきた。それだけでも異例のことだった。

「私は社長に会いに来たんです」

A組長の申し出に、専務はこう答えた。

「ご用件は確かに承りました。追ってこちらから連絡をさしあげますので……」

「わかりました」

A組長も、その日はそのまま引き下がった。

連絡が来るのは早かった。翌日の朝九時にはA組長のもとに電話があり、

「うちの副社長がお会いしますから、今日の午後か、明日の午前中、あなたの都合のいいときに当社へおいでください」

と言う。もとより社長に会えないまでも、二二歳の若造に副社長が出てくるというのだから、破格であった。

A組長はその日の午後、X社本社へ再び赴いた。副社長室に入ると、副社長が一人でAを待っていた。副社長はAと初対面の挨拶を済ますや、

「どうか、何も言わず、これで終わりにしてください」

と切り出してきた。Aの前に置かれたのは、ピン札の六〇〇万円であった。いつのまにか最初の三倍にはねあがっていたわけである。

それは二二歳の若者にすれば、どれだけ魅力であったことか。それがあれば、どれだけいまの暮らしが楽になるだろう。

だが、待てよ、とA組長は考えた。ここまで来て、それを受け取ったら、たんに金額を吊り上げるための交渉にすぎなかったことになる。相手に舐められ、安く見られるのは変わりない。

〈それじゃ、相手の思うツボじゃないか〉

Aはグッと堪《た》えた。

「いや、これは受け取れません」

Aの返事に驚いたのは副社長である。

「えっ、では、何が目的なんですか」

「じつは、うちの関係の業者をそちらの出入り業者にしてもらいたいのです」

Aは最終的な要望を告げた。

「えっ？」

「ああいうゴロツキみたいな連中を出入り業者に使ってるんだったら、うちなんかもっと襟《えり》を正してますよ。私の知りあいの業者を、そちらの仕事に使ってもらいたい——ということを社長にお願いしたかったんです。ですから、カネはいいんです。たとえこれが一〇〇〇万円に増えても、私は受け取らないですよ」

A組長の言葉に、副社長は唖然となって、Aを見た。まさか六〇〇万円を目の前に積まれて、受け取らないチンピラヤクザがいようとは夢にも思わなかったからだ。

「じゃあ、私ではダメなんですか。そういうことであれば、私の立場はなくなるんですけどね……」

「いえ、ダメと言うんじゃない。立場というなら、面子も一緒で、自分のような二二歳のガキにもあるわけですから、それはよくわかりますよ。では、どうすれば副社長の立場が立ちますかね」

Aのほうからボールを投げると、

「いや、これ（六〇〇万円）で納得してもらえれば、私の顔は充分立つんですよ」

との副社長の答えが返ってきた。

「そうおっしゃられても、これでは私は納得できません。じゃあ、どこで着地点つくりますかね」

「……」

「副社長、それではこうしましょう。今日のところは私は帰ります。私はすでに意思表示をしたわけですからね。あとは社長とよく話をして、私の納得のいく、きちんとした返答をもらいたい。それまで私は何らアクションは起こしません。そのかわり、何の返答もないんだったら、こちらからまた来ますよ」

二二歳の駆け出しのA組長、大手建設会社のエリート副社長を前に堂々と啖呵《たんか》を切って、意気揚々と引きあげた。

交渉ごとはヤクザに学べ

さて、この結末はどうなったか。A組長は望み通りX社に関係業者を送り込んで、大手建設会社に食い込むことができたのかどうか。残念ながら結果的にはノーであった。

なぜかと言えば、上からストップがかかったのである。それもAの所属するX一家を通り越して、そのまた上からのもので、何と組織のナンバー2からの指令であったという。

大手建設会社ともなると、たいがいは裏社会のトップクラスとパイプを持っているもので、何のことはない、Aに厳しく攻めたてられたX社、最後はそのパイプを使って組織の上層部に助けを求めたのだった。

かくしてA組長、善戦むなしく、あと一歩のところで果実を手にすることはできなかったわけである。Aの立場とすれば、完封を逃して逆転負けを喫《きっ》した新人投手のような心境といったところであろうか。人によっては、

「何だ、結局、何も得られなかったんじゃないか。六〇〇万円でやめとけば、大成功だったのにな」

と言う者もいるだろう。だが、A組長、長い目で見れば、失ったものより得たもののほうがはるかに大きかった。

何となれば、わずか二二歳の二次団体の末端組員にすぎない男が、何段階も通り越して一躍《いちやく》、組織のナンバー2の目に留まるところとなり、

「若いくせに目先の利益に転ばない男」

「カネの我慢ができる男」

として注目される存在となったのだから。

目先の利益に左右されないというのは、交渉ごとにおける大事なポイントでもあろう。やはりA組長の場合、若い時分から、その掛けあいの切れ味が光っていたということである。

本書は、月刊「実話ドキュメント」等の記事を今回のテーマに沿ってまとめ、加筆・修正したものです。

一〇〇字書評

切り取り線

購買動機（新聞、雑誌名を記入するか、あるいは○をつけてください）

- □ （　　　　　　　　　　）の広告を見て
- □ （　　　　　　　　　　）の書評を見て
- □ 知人のすすめで
- □ タイトルに惹かれて
- □ カバーがよかったから
- □ 内容が面白そうだから
- □ 好きな作家だから
- □ 好きな分野の本だから

●最近、最も感銘を受けた作品名をお書きください

●あなたのお好きな作家名をお書きください

●その他、ご要望がありましたらお書きください

住所	〒				
氏名		職業		年齢	
新刊情報等のパソコンメール配信を 希望する・しない	Eメール	※携帯には配信できません			

あなたにお願い

この本の感想を、編集部までお寄せいただけたらありがたく存じます。今後の企画の参考にさせていただきます。Eメールでも結構です。

いただいた「一〇〇字書評」は、新聞・雑誌等に紹介させていただくことがあります。その場合はお礼として特製図書カードを差し上げます。

前ページの原稿用紙に書評をお書きの上、切り取り、左記までお送り下さい。宛先の住所は不要です。

なお、ご記入いただいたお名前、ご住所等は、書評紹介の事前了解、謝礼のお届けのためだけに利用し、そのほかの目的のために利用することはありません。

〒一〇一-八七〇一
祥伝社黄金文庫編集長　吉田浩行
☎〇三（三二六五）二〇八四
ohgon@shodensha.co.jp

祥伝社ホームページの「ブックレビュー」からも、書けるようになりました。

http://www.shodensha.co.jp/bookreview/

祥伝社黄金文庫

ヤクザに学《まな》ぶクレーム処理術《しよりじゆつ》

平成22年 3 月20日　初版第1刷発行
平成24年12月15日　　　第4刷発行

著　者　山平重樹《やまだいらしげき》
発行者　竹内和芳
発行所　祥伝社《しようでんしや》

〒101－8701
東京都千代田区神田神保町3－3
電話　03（3265）2084（編集部）
電話　03（3265）2081（販売部）
電話　03（3265）3622（業務部）
http://www.shodensha.co.jp/

印刷所　萩原印刷
製本所　ナショナル製本

Printed in Japan　© 2010, Shigeki Yamadaira　ISBN978-4-396-31507-8 C0195

祥伝社黄金文庫

山本七平
人間集団における 人望の研究
人望こそ人間評価最大の条件。集団におけるリーダーの条件としての人望ある人はどんな人かを解明する。

渡邉美樹
あと5センチ、夢に近づく方法
「自分の人生を切り売りするな!」ワタミ社長が戦いながら身につけた起業論。

堀場雅夫
出る杭になれ!
混迷の時代、誰も先のことは読めません。「出る杭」は打たれるが、出すぎてしまえば周囲も諦めます。

高橋俊介
いらないヤツは、一人もいない
自分の付加価値を検証しよう!「会社人間」から「仕事人間」になる10カ条とは?

酒巻 久
椅子とパソコンをなくせば会社は伸びる!
売上が横ばいでも、利益は10倍になる! キヤノン電子社長が語る、今日から実行できる改善策。

門倉貴史
日本「地下経済」白書
書店の万引き470億円、偽ブランドの市場520億円、援助交際630億円…経済のプロがアングラマネーを抉《えぐ》る。

祥伝社黄金文庫

上田武司
プロ野球スカウトが教える一流になる選手 消える選手
一流の素質を持って入団しても、明暗が分かれるのはなぜか？ 伝説のスカウトが熱き想いと経験を語った。

漆田公一＆デューク東郷研究所
ゴルゴ13の仕事術
商談、経費、接待、時間、資格――危機感と志を持つビジネスマンなら、ゴルゴの「最強の仕事術」に学べ！

大村大次郎
10万円得する超節税術
「節税」は最高の副業！ 「控除対策」の知識を駆使すれば「無税」だって夢じゃない！ プロの裏ワザを大公開！

藤澤和雄
競走馬私論
馬はがんばろうとは思っていない。能力を引き出してやるために人間は何をすべきか――。

木村幸治
馬は知っていたか
乳母に育てられた馬の恩返し、名馬と〝2番目の男〟との凄絶な戦い…馬と人間の秘められたドラマに迫る！

天外伺朗《てんげしろう》
運力（うんりょく）
「運」のいい人、悪い人はどこが違うのか？ 人生を切り開き、智慧《ちえ》を磨く21の法則